余命10年

血液のがん

多発性骨髄腫になって、やめたこと・始めたこと。

岸 博幸

目次

CONTENTS

6章 日本の未来へ、5つの提言 …… 153

はじめに

2023年1月20日、がんを告知された

２０２３年１月20日、僕はとある大学病院血液内科の診察室にいた。そこで、のちに僕の主治医となる先生から、初対面の挨拶も早々にこんな言葉を告げられた。

「岸さんは多発性骨髄腫に罹患(りかん)されています」

前年の夏頃から非常に疲れやすくなっていたのだが、ちょうど還暦を迎えたこともあり、当初は「年のせいだろう」と、あまり気にしていなかった。だけど、妻や知人からは「顔色が悪い」「顔が土気色だ」と言われるし、どうも様子がおかしい。

そんな時に知人から良い人間ドック専門クリニックがあると聞き、たまたまスケジュールが空いていた日程で、運よく予約がとれた。それで、約5年ぶりに人間ドックを受診したのだけど、初日の検査終了後、クリニックの院長に、すぐに血液内科の専門医を受診するようにと言われてしまった。血液検査で異常なレベルの数値が出て、血液疾患の疑いがあるとのことだった。

その場で、東京都内で評判の良い血液内科の病院への紹介状を書いてもらい、予約の電話を入れた。それがこの日、1月20日だった。

ちなみに、クリニックの院長に紹介されたドクターは血液内科では有名な先生とのことだったので、予約をとれても1ヵ月先くらいかと思っていたが、わずか10日後、しかも、僕の予定も空いているこの日に予約がとれたのは、とてもラッキーだった。

もっとも、病院で告げられた病名は、ラッキーとは程遠いものだった。

多発性骨髄腫。耳慣れない病名ではあったものの、骨髄腫という名称からがんの一種だろうと推測はできた。もちろん、それを聞いてかなりショックではあったが、同時に納得感みたいなものも心に去来した。「なんだ、疲れやすかったり顔色が悪かったりしたのは、年のせいじゃなくて病気だったからなのか」と、腑に落ちたのだ。

こう見えて僕は子供の頃から丈夫で、60歳になるまで、これといった大病をしたことがない。それどころか、ロッククライミングに40歳頃まで熱中していてハードなトレーニングを続けていたし、50歳頃からは、仕事で関わるようになった総合格闘技の影響でキックボクシングまで始めたので、体力に関しては、同年代の誰にも負けない自信があった。

だから、去年の夏頃から、地方でのテレビ出演や講演を終え、帰りの新幹線や飛行機に乗るや否や寝落ちしてしまったりと、それまでとは違う自分に対して、「年には勝てないのか」と感じていた。

テレビ出演や講演は、たとえ短時間でも、ものすごい集中力が必要である。だから、60歳になった自分が疲れてしまうのも当然のことかもしれない。そう思いつつも、戸惑いを抱いていたのだ。そんな時に、「年のせい」ではなく「病気のせい」だったことがわかり、なんだかすっきりしたのだ。

その5日後、あらためて骨髄穿刺（骨髄穿刺針を用いて骨に穴をあけて、中の骨髄液を注射器で吸引する検査法。これが壮絶に痛い！）で骨髄を調べた結果、僕の病気は、多発性骨髄腫であることが確定した。

男性の罹患率は10万人に6・6人という「多発性骨髄腫」とは

ここで多発性骨髄腫という病気について、少し説明をしておこう。

多発性骨髄腫は、血液中に存在し、免疫を司っている形質細胞が悪性化する血液のがんの一種で、男性の罹患率は10万人に6・6人とされる珍しい疾患だ。初期には自覚症状がほとんど出ないため、血液検査などで見つかることが少なくないという。病状が進むと、腎臓の機能低下や貧血などが起こり、貧血が進行すると、動悸や息切れ、めまい、全身倦怠感などの症状が出てくるらしい。

また、骨髄腫細胞は、骨を壊す細胞を活性化するだけでなく、骨を再生する細胞の働きも抑えてしまうため、結果的に骨がもろくなり、骨折しやすいのだとか。実際、僕は、この病気が発覚する前にスキーで派手に転んでしまい、以来ずっと胸の骨に激しい痛みを感じていたのだが、入院後の検査で骨にヒビが入っていることが判明。今思えば、あの頃すでに多発性骨髄腫を発症していたのだろう。

主治医から、「出張の帰りに寝込んでしまうのは、ひどい貧血が起きていたからです」と説明された。自覚はまったくなかったものの、どうやら病状はすでに進行していたらしい。

ちなみに多発性骨髄腫は、治癒することが難しい疾患でもある。だから治療の目的は、完治ではなく病気との共存になるようだ。僕は一生この病気とつきあいながら、普通の生活を送ることを目指していく。

幸い現在はさまざまな治療法が確立されていて、主治医いわく、僕の年齢なら、そうした治療を施せば、あと10年や15年は大丈夫だろうとのことであった。動揺していたこともあり、あえてその言葉の意味を詰めなかったが、つまり短く見積もって余命10年〜15年ということなのだろう。僕は、自分なりにそう理解した。

病名を告げられた時、僕は60歳だったから、残りの人生は70歳、長くても70代半ばくらいまでになる。

こんな風にして僕は、唐突に自分の人生の残り時間を突きつけられてしまったのだ。

入院時期をめぐって主治医とバトル

体調の悪さが病気のせいだとわかったこと、その病気に対する治療法が確立されているということ、治療すればあと10年から15年は生きられるということ。主治医の説明は丁寧でわかりやすかった。

ただ、主治医から「血液数値が異常なレベルなので、今日から入院してもらい、治療を開始したい」と言われた時は困った。

すでに翌月（2月）は、休みがないくらいに仕事のスケジュールが埋まっていた。特にテレビや講演などは、かなり前から予定が組まれるので、直前キャンセルとなれば、多方面に迷惑がかかる。それは、仕事人間の僕としては本意ではない。

ただし、1ヵ月後の3月以降のスケジュールであれば、調整可能かもしれない。そこで、「入院は1ヵ月待ってほしい」と訴えたのだが、主治医も、「不整脈を起こしたら死んでしまうかもしれないのだから、一刻も早く治療を始めるべき」と言って譲らない。

ちなみに、多発性骨髄腫の状態は、血液中の免疫グロブリンの値で判断するようだが、そのうち免疫グロブリンGを例にとると、その基準値は上限が1747で下限が861であるのに対して、僕は10145というかなり異常な数値だったので、主治医がこう言うのも無理はなかった。


それから、「今日にでも入院を」「1ヵ月後じゃないとムリ」と、押し問答が始まったが、「オレはバカじゃないか」と内心思っていた。だって、その道の第一人者から「今すぐ治療を始めないと命を落とす危険がある」と言われているのに、治療を後回しにし、仕事を優先しようとしているのだから。

仕事を引き受けたからには責任があるとか、自分の仕事に対するプライドだとか、もっともらしい理由はいくらでも言える。でも、そんな〝屁理屈〟を並べて、仕事を優先した結果、命を落としてしまったら、単なる大バカ者だ。

でもまぁ、この時に感じた「自分はとことんバカだ」という反省が、その後の自分なりの悟りにつながるのだが……。

最終的に、「2月中は、通院で容体を監視しながら治療を始める」「水分と栄養と睡眠時間をたっぷり摂る」ことを条件に、主治医には3月入院を認めてもらった。


今思い返しても、一番大変で、ストレスフルだったのは入院までの1ヵ月だった。週に1回は注射と体調チェックのために病院に行き、毎日多量の薬を服用し、生活習慣も改めた。それまでの僕は不摂生の典型で、食事は1日1回かせいぜい2回で、水分もあまり摂らなかったけれど、朝昼晩と食べるようにし、水分も頻繁に摂るようにした。睡眠時間も1日4〜5時間だったのが、最低でも6〜7時間は眠るように心がけた。

そうした生活を送りつつ、いつ、どこで不整脈を起こしてもおかしくないのだと内心常に恐れながら、日帰りの地方出張を繰り返す。そんな精神的に余裕がない状況が、約1ヵ月続いた。

病名判明から40日後にようやく入院

病気が判明して約40日が過ぎた2月28日、ようやく病院に入院して、本格的な治療が始まった。骨の中に溜まった骨髄腫細胞を血管に押し出して尿と共に体外に排出するという、第一弾となる治療を夏まで通院で続けるにあたり、内臓に悪影響が出ないかどうか、経過観察をするためだ。この治療は、毎日2リットルもの点滴に加え、輸血に注射、服薬と盛りだくさんだったが、幸い体への支障はほとんどなく、2週間で無事に退院。息子の小学校卒業式にもなんとか間に合い、参列できた。

治療第2弾を受けるために、再び入院したのは、7月20日のことだった。そこで行ったのは、造血幹細胞移植。自分の血液中から、血液をつくる造血幹細胞（自家造血幹細胞）を採取して凍結保存した後、抗がん剤を使って、がん化した形質細胞を攻撃。極限まで減らしてから、凍結しておいた造血幹細胞を解凍して体内に戻し、造血機能を回復させるという治療法だ。

最初の入院の際は、病気のことはごく一部の人にしか伝えていなかった。けれど今回は、あらかじめ主治医から、入院は4〜6週間の期間になると告げられていた。

仕事のスケジュールは調整したとはいえ、身動きがとれなくなる期間が長くなるのだから、仕事の関係先や友人・知り合いに病気と入院のことを知らせた方がいい。そう考えたものの、個々に連絡するのは面倒くさい。そこで、入院中の7月24日、仕事先や知人への同時通報のつもりで、X（旧Twitter）に多発性骨髄腫にかかっていること、その治療のために8月下旬まで入院する旨を書きこんだ。

ところが、それが思いがけずネットニュースに取り上げられ、予想以上に多くの人からお見舞いや励ましの連絡をいただくことになった。この一件で、僕は、人のやさしさに感動すると同時に、ネットの威力を改めて思い知った。

造血幹細胞の採取、そして、抗がん剤投与

入院して最初に受けたのは、あのイヤな骨髄穿刺をはじめ、さまざまな検査だった。首を通る太い血管に挿入されたカテーテルを通じて造血幹細胞の採取や抗がん剤投与、毎日の点滴や輸血が行われたが、当初は、カテーテルという〝異物〟が体内にある違和感と痛みに、かなり悩まされた。

7月26日、造血幹細胞の採取が4時間かけて行われた。カテーテルを通じて血液を採取し、機械を使って造血幹細胞だけを取り出して、残りの血液は体内に戻すという作業だ。

この作業は体への負荷が大きかったのか、終了後には疲れがどっと出てしまい、何もする気が起きなかったほどだ。もっとも、必要な量の造血幹細胞が採取できなかったら、翌日も同じ作業をすることになっていたので、1日で終わったのはラッキーだった。

その後、7月30、31日の2日間にわたって抗がん剤投与が行われたが、これが予想していたより遥かに大変だった。

抗がん剤の副作用といえば、髪が抜けるとか猛烈な吐き気とかが知られているが、口内炎もそのひとつ。抗がん剤は、粘膜にも悪影響を及ぼすため、口内炎を発症しやすいそうだ。口内炎は感染症リスクを高めるし、ひどい場合は口の中が口内炎だらけになるので、吐き気もあいまって食事が摂れず、栄養不足になって体力も落ちてしまう。患者にとって、非常に厄介な副作用だ。

その予防策として、30分かけてカテーテルから抗がん剤を投与する際、ずっと氷を口に含み、しゃぶり続けた。口の中を冷やすことで、口内炎の発症がある程度抑えられるためだ。
口の中の氷が溶けては新しい氷を口に含む。これを30分続けるのは、思いのほか辛かった。めんどうだし、疲れるし、ただでさえ冷房が効き過ぎている病室はとにかく寒い！　外は猛暑なのに、僕は、寒さとも闘わなければいけなかったのだ。もっとも、この苦行（!?）に耐えた甲斐あって、口内炎を発症せずに済んだけれど。

抗がん剤の投与が終了した翌日の8月1日に、カテーテルを通じて造血幹細胞が移植された。移植自体はスムーズに終わったものの、この後、僕は本格的に抗がん剤の副作用に悩まされることになる。

吐き気と食欲不振、抜け毛に悩まされる

翌日から覚悟していた副作用が出始めた。8月1日から5日間にわたり、胸がムカムカして、吐き気もひどく、何も食べられない状態が続い

たのだ。甘いものが大好きな僕が、事前にコンビニで買っておいたお菓子を見ただけで、気持ちが悪くなったくらい。
ベッドの上で上体を起こしているだけで気分が悪くなり、活字を読むとめまいがする。ひどい二日酔いの状態で、大波に揺れる船に乗っているようなものだ。それが5日間続いたのだから、心身共に疲弊した。

それでも、抗がん剤投与から6日が過ぎた頃には吐き気がだんだんとおさまり、食事も食べられるようになった。人によっては3週間くらいは何も食べられない状態が続くこともあるそうなので、看護師さんいわく、すごく早い回復ペースだった。人並み外れた体力のおかげのようだ。5日間は、点滴で薬と共に栄養分やカロリーを補給していたので、食事を食べられる喜びを改めて実感した。

吐き気と食欲不振に次いで、8月10日あたりから、次の副作用が始まった。抜け毛だ。シャワーを浴びて頭を洗うと、髪の毛がごっそりと抜ける。朝起きると枕の上に大量の抜け毛が散らばっている。入院してすぐに病院内の理容室で3ミリの丸刈りにするなど〝対策〟は講じていたが、それでも、シャワーの際、手のひらにごっそりとついてくる抜け毛を見ると、すごく悲しい気持ちになった。

それからわずか数日で、カッコ良く言えばスキンヘッド、要は、ハゲになってしまった。僕は元来、髪が太くて、硬く、そして多い。薄毛とは無縁と思っていたから、やはり最初はかなり落ち込んだ。

それを救ってくれたのが、やしきたかじんさんの奥様だ。

たかじんさんには、『たかじんのそこまで言って委員会』（読売テレビ。現『そこまで言って委員会NP』）という番組でお世話になり、テレビの世界のイロハをいろいろと教えてもらうなど、ずいぶんとかわいがってもらった。僕にとって大恩人のひとりなのだが、とても残念なことに、2014年に食道がんで亡くなってしまった。

奥様とは、たかじんさんが亡くなってからは交流が途絶えていたのだが、僕の病気をニュースで知り、メールをくださった。
メールには、たかじんさんも、抗がん剤で頭髪が抜けたことが書かれていて、当時の写真が添付されていた。
これまで見たこともないくらい髪を短く刈り込んだたかじんさん、そして、スキンヘッドになった後に髪が少し生えてきた頃のたかじんさん。たかじんさんも、僕と同じような思いをしながら頑張ったのだと思うと、ものすごく励まされた。

と同時に、たかじんさん、そしてバラエティ番組で鍛えられた、どんなことでも楽しんでしまうという精神が蘇ってきた。頭から髪の毛という存在が消えたのは、60年の人生で初めてのこと。いずれまた髪が生えてくるのだから、今この刹那のハゲを、思い切りエンジョイしよう。そんな風に、考え方が百八十度転換できたのだ。

奥様が送ってくれたたかじんさんの写真は、今もお守りとして僕のスマホの待ち受け画面になっている。

無菌室フロアでの〝軟禁生活〟

ちなみに、2度目の入院では、無菌室フロアの個室に入れられた。抗がん剤を使用することで、感染症に罹患するリスクが高くなるからだ。

抗がん剤によって、一時的にではあるが白血球の値がゼロになるので、免疫力は著しく下がる。口の中いっぱいに口内炎ができたり、下痢を発症して肛門が傷ついたりすれば、それらの粘膜から菌が入り、全身に回ってしまう危険性もある。

だから、無菌室フロアに入れられるのは当然のことだと、頭では理解していた。……つもりだったが、この〝ほぼ軟禁状態〟に、ほとほと辟易(へきえき)してしまった。

まず、一般病棟の入院では可能だった、コンビニなどの病院内の他のエリアに行き来することが禁じられる。なので、飲み物などを買いたくても、自分で行くことは許されず、看護師さんにお願いすることになる。

次に、無菌室フロアには、談話室やラウンジのような場所は一切ない。長期間入院する患者が多いので、退院後、スムーズに社会復帰できるように患者専用のリハビリルームが設けられているが、それが病室以外で時間を過ごせる唯一の場所。

さらに滅入ったのが、無菌室フロアで提供される食事はすべて〝無菌食〟であったこと。生野菜など加熱殺菌処理されていないものは出ないし、お茶やコーヒーにしても、淹れたてではなく、紙パックや缶に入ったものだけ。薄味が基本で、お世辞にもおいしいとは言えない病院食が、さらに味気ないものになってしまったのは、すごく悲しいことだった。

入院から4週間という〝最短ルート〟での退院

吐き気がおさまった頃から、僕の日課にリハビリルームでのトレーニングが加わった。リハビリルームには、狭いながらもウォーキングマシンやエアロバイク、最低限のウエイトトレーニングの道具などが用意されている。バイクを漕ぎ、スクワットや腹筋、ストレッチなどで、毎日1時間ほど体を動かした。

とはいえ、当然ながら、病気になる前のトレーニング通りにはいかない。何より、点滴スタンドが常に傍らにあるのだ。点滴スタンドが倒れないよう、カテーテルが抜けないよう注意しながらの運動は、やりにくいことこの上ない。ちなみに、僕がつけた点滴の最大数は9つ！　〝シャンデリア状態〟の点滴スタンドを引きずってトレーニングに打ち込む姿は、他の人の目には奇異に映ったかもしれない。

ともあれ、こうしたトレーニングやしっかり食事を摂ったことで、僕は、主治医も驚くほどのスピードで回復した。主治医いわく、基礎体力が抜群にあったことが大きいらしい。若い頃から意味もなくずっと体を鍛えてきたが、それが初めて役に立ったようだ。

こうして僕は、8月18日、この治療では〝最短ルート〟となる4週間での退院を果たした。

仕事復帰、そして新たな治療が始まる

退院後、早速仕事を再開した。いくらトレーニングを続けていたとはいえ、やはり4週間も入院し、かつ抗がん剤を投与されていたとなると、体力はかなり落ちる。少し動いただけでも、すぐに息切れを起こしてしまうくらいだったけれど、それでも、退院3日後からほぼ通常モードで仕事を始め、翌週には、『全力！脱力タイムズ』（フジテレビ）の収録に参加、『情報ライブ　ミヤネ屋』（読売テレビ）に生出演し、講演会もこなした。

退院直後はゆっくり休んだ方がいいと言われた。でも僕には、そんな気は毛頭なかった。退院してすぐに仕事を再開し、テレビにも早期に復帰したのにには一応理由がある。

重病を患うと、自分の見た目が変わってしまったことに引け目を感じたり、周りに迷惑をかけるのを気にして、すぐに仕事に復帰するのを避ける人も多いらしい。

でも、今は2人に1人ががんを患う時代である。そんな遠慮をせずにむしろ積極的に早く社会復帰すべきではないだろうか。重病を患っても、見た目がハゲに変わってしまっても、気合と根性があればすぐに仕事に復帰して明るく元気にやれるんだ、と体を張って示したかったのだ。

とはいえ、退院後も当然治療は続く。仕事の量は徐々に増やしていったけれど、週1回の通院は何にも勝る最優先事項になった。2月に入院をめぐって主治医と押し問答した頃に比べれば、ずいぶん意識が変わったものだ。

9月下旬、主治医から「11月から第3弾となる治療を行いたい」と、告げられた。血液数値が予想よりも回復しておらず、まだ病気が体内に残っているとのことで、今度は、新たな注射と飲み薬を使って、血液数値の改善を目指すという。

週1回ペースで注射を打ち、毎日朝に5種類、夜に4種類もの薬を服用することになったが、薬剤が内臓に悪影響を及ぼす可能性があるため、治療開始から1週間は経過観察の必要があるとのこと。10月26日に、再び入院することになった。

ただし、今回は無菌室フロアではなく一般病棟だし、経過観察だから8月の入院に比べたら楽勝！　そう思っていたが、甘かった。注射も薬も強いせいか、全身がだるく体調が優れない。それは、退院してからも変わらず続いた。

特にショックだったのは、たばこだ。ご存じの方もいるかもしれないが、僕はかなりのヘビースモーカー。世間がどんなに禁煙推しになろうとも、たばこ愛は揺らぐことなく、毎日何十本も吸い続けてきた。それは、病気が判明してからもだった。

それなのに、この治療を始めてから、たばこがおいしくなくなってしまった。男の意地（どんな意地だ!?）で吸い続けてはみたものの、数は激減してしまった。

僕にとって、たばこがおいしいかどうかは、その時々の体調をはかるバロメーターでもある。つまり、たばこがまずい＝体調が思わしくないということ。多発性骨髄腫という病（やまい）の厄介さと治療のしんどさを、心から実感することになった。

2024年に入って、ようやく薬剤に体が慣れてきたのか、体調が悪い日も減ってきた。この治療を始めてから血液の数値は徐々に改善を続けているので、当分はこれを続けることになるのだろう。

もともと体力が抜群にあったのに加え、規則正しい生活を送るようになったおかげで、顔色も良くなり、元気に見られるようになったのは本当に良かった。正直に言えば、治療で体力はかなり落ちたし、日によって体調にはアップダウンがあり、体調の良くない日はやはりしんどい。骨がもろくなっているのにも気を遣うので大変だ。でも、文句を言ってもしょうがない。辛抱強く治療を続けながら、明るく楽しく仕事と遊びを頑張るしかない。

もしかしたら、この先期待するほどの回復が見られなければ、新たな治療に移ることになるかもしれない。それでも、病気が見つかった頃の「異常なレベル」に比べれば、血液検査の数値は改善している。そう考えると、僕は本当に運が良いと思う。そもそも人間ドックを受けたこと、その後、血液内科の専門医にすぐに診てもらえたことからして、幸運が重なった結果なのだから。

それに……、病気になったこと、そして、余命10年と理解したことで、人生観がすごく大きく変わった。大事な悟り、というか気づきを得ることができたのだ。だからきっと、人生残りの10年は、すごく楽しく過ごせると思う。今となっては、この病気が見つかったのは、僕にとってラッキーなことだったと強がりではなく心から思っている。

60歳で多発性骨髄腫という病にかかったことで、僕が気づいたこと、考えたこと、そして、決意したこと。それを、みなさんに伝えたいと思う。

1章

chapter 1

がんになって悟ったこと

残りの人生「あと10年」と知らされたのはラッキーだった!? その真意とは

2023年1月20日、多発性骨髄腫に罹患していることが判明した。その時主治医から告げられたのは、「適切な治療を受ければあと10年か15年は大丈夫です」という言葉だった。

自分の人生の残り時間を知らされるのは、嬉しくないものだ。物事にあまり動じない性格の上に、もともと長生きすることに執着がなかった僕でさえ、一瞬言葉を失った。

日本人男性の平均寿命は81歳なので、還暦を迎えた時は漠然と、「人生あと20年くらいかな」と思っていた。それがこの日、自分が予想していた時間の半分しか残されていないという事実を突きつけられたのだから、70歳まで生きられれば御の字かと思いつつも、ショックを受けるのも当然かもしれない。

今振り返れば、言われた瞬間、自分では「体調が悪かったのはこれが原因か」という点では納得したものの、やはり動揺していたのだろう。また正直に言えば、「あと10年で死ぬということか」と確認するのが恐かったのもあり、ふだんは、人の発言を詰めまくる僕が、主治医の言葉に対して意見も疑問も投げかけず、ただ「そうですか」と頷（うなず）いていた。「つまり、余命10年から15年ということなんだな」と、〝勝手に〟理解し、納得してしまっていたのだ。

医療技術は日々進歩しているのだから、いずれ今より効果的な治療法が開発され、もっと長生きできるのではないか。それとも、多発性骨髄腫は、そうした希望的観測を抱けない病気なのか。

主治医に聞くべきことは、いろいろあったはずだ。でも、今更悪あがきしてもしょうがない。短めに見積もって、僕は余命10年なのだと納得しよう。その気持ちは、半ばあきらめに近かったかもしれない。けれど、この日、診療が終わる頃には、そんなことを思っていた。

その考えが変わってきたのは、3月と8月の入院中だった。入院中は、当然ながら時間がある。ふだん忙しくてなかなか持てなかった〝頭の体操〟(いろんなことを考え、思いを巡らせる時間を、僕はこう呼んでいる)を繰り返すなかで、自分に残された時間をどう生きるか、今後の人生について、かなり大真面目に考えることができた。

まず気づいてすごく反省したのは、ここ10年くらいは、かなり妥協して生きてきたということ。誤解を恐れずに言うならば、「仕事だから」とか「家族のため」とか、自分以外のものを優先して生きてきた。いや、それを言い訳に、自分が本当にやりたいこと、やるべきことをやらなかったというのが正しいかもしれない。

でも、僕の人生は70歳で終わってしまう可能性が高いのだ。だったら、本来の自分らしい生き方を貫こう。

そこで心に決めたのが、残り10年は、〝ハッピー〟と〝エンジョイ〟

という2つを追求して生きるということ。自分自身が毎日を〝ハッピー〟に過ごせるように、そして、自分らしいやり方で残りの人生を正しく〝エンジョイ〟しようと決心したのである。

〝ハッピー〟と〝エンジョイ〟、この2つの言葉は、同じ意味に思われるかもしれない。でも僕にとっては、全然違うもので、それぞれに大切なものだ。

〝ハッピー〟とは、周囲に気兼ねするのはやめ、自分がやりたいこと、やるべきだと思うことを最優先にし、日々の自己満足度を高めることだ。

これに対して〝エンジョイ〟とは、チャンスがあれば積極的に新しい世界に飛び込み、今までと違った経験をし、人生の幅を広げるということ。ちょっとわかりづらいかもしれないが、仕事にたとえるなら、新卒から定年まで同じ会社に勤め上げるのではなく、さまざまな職種や業種を経験することで、自分の世界や体験を広げるというイメージ。そうすることで、1度きりの人生を、2度、3度楽しめる気がしているのだ。

こうした考えは、かなり身勝手だと自覚している。でも、実は〝ハッピー〟も〝エンジョイ〟も、かつて僕が生き方の軸としていたのに、いつのまにか追いやっていたものでもある。

それに気づく機会を与えてくれたのは、多発性骨髄腫という病気だ。余命10年となったおかげで、自分の今後について真剣に考えることができたのだから、僕はある意味、とてもラッキーだ。だから、この病気には感謝しなくてはいけない。今は真剣にそう思っている。

なぜ、〝ハッピー〟の追求を決心したのか

僕が残りの人生で、なぜ〝ハッピー〟と〝エンジョイ〟を追求しようと心に決めたのか、もう少し説明しよう。そこには、入院中にした2つの猛省が関わっている。

僕は、とても自分勝手でワガママで、気が強い人間だ。昔から、仕事にしても趣味にしても、自分がやりたいことは絶対にやりたいし、やってしまうタイプ。これまで何度、周りの迷惑を顧みずに強行してきたか、わからないくらいだ。

例えば、ヘビーメタル。僕は中学の頃から還暦を過ぎた今に至るまでずっとヘビメタが大好きで、なかでもドリーム・シアターというアメリカのプログレメタルバンドの追っかけを、もう20年くらいしている。しかも、世界レベルで、だ。

このバンドのワールド・ツアーが発表されると、仕事の予定を強引にでも調整し、海外までコンサートを観に行っていた。時には、現地での業務を無理やりつくり、「仕事がてら」という大義名分のもとで足を運んでいた。結果、アメリカにヨーロッパ、中国など、合計100回以上のステージを鑑賞。日本でツアーが開催されるとなれば、当然仕事を放り出し、ほぼ全公演観に行っていたくらいだ。

また、アメリカ留学時代にNBAのNew York Knicksの大ファンになり、日本に帰国後も、チームにとって大切な試合があると、仕事はそっちのけでニューヨークに駆けつけていた。

この「やりたいことのためには他を犠牲にする」というスタイルは、仕事においても同じ。バブル真っただ中の1986年に就職し、しかも、午前3時までの勤務や週末出勤が当たり前という通産省（のちの経産省）の官僚だったのだから、ザ・昭和的な働き方が身に染みついてしまっている。2006年に経産省を退職し、結婚して以降も、多忙な時は平日の夜中であろうと週末であろうと、家庭（当時は妻だけだったが）を顧みず、仕事に打ち込んできた。

ちなみに、僕は同世代の人より若く見られることが多いが、おそらくその理由は、このようにまさに人生ずっと好き勝手にやって自分のハッピーを追求してきたからかもしれない。

そんな生活に変化が訪れたのは、2010年に息子、2012年に娘が生まれた頃からだ。

まず、家にいる時間を増やそうと、自分なりに多少仕事や遊びをセーブした（それで、家事や育児に十分関われたわけではないが）。また、家族が増えたので収入も増やさねばと考え、テレビ出演や講演会の依頼を積極的に受けるようにした。結果、スケジュールはぎっしり詰まり、海外にコンサートや試合を観に行くなど夢のまた夢に。仕事にしても、「本当にやりたいこと」より「生活のための仕事」のウエイトが増えてしまったように感じていた。

もちろん、テレビ出演も講演会も非常に楽しいし、学べることはたくさんある。育児にしても、子供はかわいいし、自分自身の学びにつながるなど、有意義な時間だ。ただ、50歳になる直前まで、自分の欲求最優先で好き勝手に生きてきた僕にとって、やりたいことを我慢する生活は、100%ハッピーとは言い難いものになっていたのも事実。

我ながら身勝手だとは思うけれど、これが僕という人間なのだから仕方がない。特に家族には申し訳ないけれど、残り10年は、自分のハッピーをとことん追求したいと思っている。

ちなみに、妻は僕の性格をよくわかっているので、「好きにしなさい」というスタンス。子供たちは……、昭和の頑固おやじが家にいない方が伸び伸びできていいと思っている気がする。

アメリカ人の恋人が教えてくれた〝エンジョイ〟の大切さ

〝エンジョイ〟することの重要性を意識したのは、今から30年近く前、アメリカ人女性と交際していた時だった。

僕は1995年から3年間、ニューヨークにあった朝鮮半島エネルギー開発機構（KEDO）という国際機関に、通産省から出向していた。その同僚でもあった彼女に、「出向後は日本に戻り、通産省に復職するつもりだ」と話したところ、こんなことを言われたのだ。
「日本の政府で働くのは立派な仕事だと思うけれど、もう10年以上も働いたのよね。それなら、そろそろ別の仕事にトライしてみてもいいのでは？ その方が新しい経験ができて、エキサイティングだし、人生をエンジョイできると思うけれど」

この言葉に、ハッとさせられた。「アメリカ人が積極的に転職するのは、収入やポジションの上昇だけでなく、新しい経験を求め、人生をエンジョイするという目的もあるのか」と。

それまで日本的・昭和的な価値観しか知らなかった僕は、新卒で就職したところに定年まで勤め上げるのが当たり前だと思っていた。だけど、彼女の言葉を機に、日本的な終身雇用や安定にこだわることに疑問を抱くようになった。

人生は1度きり。ならば、仕事もプライベートも、新しい世界に積極的に身を投じ、いろいろな経験をした方が、豊かで楽しいのではないか。

かつてロッククライミングにのめり込んでいた頃、山ではリスクを積極的にとり、突発的なトラブルさえも楽しんでいたが、それを人生でもやり続けるべきだ。そう考えるようになった。

思い返すと、彼女は、典型的な日本人の僕に、アメリカのいろんなことを教えてくれた。

週末は、ニューヨーク郊外にある彼女の実家で家族や友人などとまさにアメリカ人の生活をしていたが、そこには、僕にとって未知の世界が広がっていた。アメリカならではの生活習慣やイベント、そして、彼らの価値観や振る舞い。自分が、まったく知らなかった人生を経験させてもらった。

僕が驚いたり、感動したりするたびに、彼女から「エンジョイしている?」と聞かれたものだ。彼女のおかげで、KEDO出向から戻った後の僕の人生に対するスタンスは、かなり変わった。僕は、新しい経験や変化に、積極的に飛び込むようになったのだ。

2001年に小泉政権が誕生し、民間人ながら経済財政政策担当大臣として入閣した竹中平蔵さんに請われて補佐官に就任したのもそう。霞が関は反・構造改革一色だったから、竹中さんの側についたら、もう経産省には戻れないかもしれない。でも、そんなリスクも考えず、「わかりました！」と即答していた。

その小泉政権が終わった2006年に、慶應義塾大学のとある教授に「新しい大学院を立ち上げるので手伝ってよ」と声をかけられた時も、大恩人のひとりである坂本龍一さんが、当時所属していたエイベックスに誘ってくれた時も、即座にOKした。

なんだか行き当たりばったりのようだが、積極的に未知の世界に飛び込まないと、新しい経験はできないという思いがあったからだ。

どれも、これまでの人生では得られなかった体験ができ、刺激を得られ、さまざまな分野の新しい人と出会えた。当時僕は、間違いなく人生をエンジョイしていたと断言できる。だけど、もう15年以上、僕の人生、特に仕事に関しては大きな変化はない。そのことを、入院中に再認識してしまったのだ。

僕の人生は10年周期だった

ちなみに、病気になるよりも前のことだが、ふとおもしろいことに気づいた。僕の人生は、だいたい10年周期でステージが変わっている。

１９８６年に通産省に入省し、１９９０年からアメリカのコロンビア大学ビジネススクールに２年間留学。帰国後は、課長補佐というポジションに就き、責任ある立場で政策を立案し、他省庁と交渉するという経験を積んだ。１９８６年から１９９５年までは、いわば社会人としての基礎固めであり、修業期間だったと言えよう。

１９９５年の後半に、ＫＥＤＯに出向し、アメリカ・韓国・日本政府と調整しつつ北朝鮮政府と交渉するという、安全保障の最前線の仕事に従事した。その後、2001年に小泉政権が発足すると、竹中大臣の補佐官・政務秘書官として、不良債権処理や郵政民営化など、構造改革の立案と実行を担った。1995年から2006年までは、世の中を変える大仕事に関わる、実践の期間といったところか。

実は、社会人になる前も10年周期だった気がする。

両親は僕が中学2年の時に離婚したが、それまでは両親の夫婦喧嘩が絶えなかった。父は自己中心的で威圧的、いつも不機嫌そうで、子供をかわいがるということもほとんどない人だったので、姉も僕も、父が家にいると気が休まらなかったことを覚えている。僕は1962年生まれだが、3歳頃に物心がついたと考えると、1965年からの10年間は、父親に怯(おび)えて窮屈に過ごしていた暗黒の時代だったと思う。

母と姉と3人で暮らすようになってからは、貧乏のどん底のような暮らしではあったものの、自由を謳歌できるようになった。勉強でも遊びでも、自分がやりたいことを伸び伸びとでき、都立日比谷高校、一橋大学共に楽しい学生生活を送ることができた。両親が離婚した1976年から大学を卒業した1986年までは、初めて人生が楽しいと思えた10年間になったというわけだ。

干支(えと)は12年周期だし、占いでも運気は12年サイクルなどと言われるが、どうも僕の場合は、10年ごとに人生が大きく変わるようだ。このことに30代で気がついてからは、「ならば、これからも10年サイクルで新しいことにチャレンジし、人生をエンジョイしよう」と考えていた。

それなのに、2006年に経産省を辞して民間人になって以降、現在に至るまで18年間も、ほぼ同じ仕事を続けている。それは、ハッピーだと思うことをやってこなかったのと同じく、仕事や家族を言い訳に、妥協を重ねてきたからだ。

安倍元総理の長期政権の間に、政権の中枢の方から衆院選に出ないかとの強い誘いを受けた。今思い返すと、それは僕の新たな10年周期に入るチャンスだったのに、いろんな言い訳を並べて断ってしまった。やはり無意識のうちに妥協を重ねていたのである。

自覚はなかったけれど、いつのまにか守りに入っていたのだろう。言い方は悪いが、毎日が昨日の延長だったのだ。家庭を持つ身なのだから、家族を養えるだけの収入は必要だし、それを得るために安定した仕事に就くことも大切だ。「そろそろ10年経つから、他のことがやりたくなった」と、いきなり仕事を辞めてしまうのは、一家の主として無責任だとも思う。

それに、大学院で学生を指導することも、テレビ出演や講演会で自分の主張を話すことも、地方自治体や民間企業の顧問の仕事も、どれも楽しいし、やり甲斐を感じていた。これらの仕事を通じて、さまざまな経験をさせてもらえたおかげで、自分なりに成長できたという充実感もある。こんな風に働けている自分はつくづくラッキーだと思うし、その機会を与えてくれた多くの方々にも感謝しかない。

だから、この18年間、仕方なく〝昨日の延長〟をしてきたわけではない。ただ、満足していたとはいえ、同じ仕事にもう18年も携わっているという状況は、僕にとって「人生をエンジョイしている」ことにはならないのだ。

「残りの人生は自分の好き勝手にやる」の本当の意味

人生で最も大切にしていたはずなのに、いつのまにかないがしろにしていた〝ハッピー〟と〝エンジョイ〟。残りの10年間も、ハッピーとエンジョイなしに過ごすとしたら、死ぬ瞬間、僕はものすごく後悔するに違いない。後悔しないためには、どうすればいいか。結論は簡単、以前のワガママで自分勝手な僕に戻り、自己満足をとことん追求し、かつ新しい世界や経験のチャンスがあれば、迷わず飛び込めばいいのだ。

少し具体的に話そう。まず仕事は、収入にこだわらず、やり甲斐を最優先にするつもりだ。

そもそも僕の強みであり、また最後までやり続けたい仕事は〝改革〟だ。小泉政権に携わって以降、それは今も変わらない。

これまでも地方自治体の顧問に就いたり、自治体と大学院の僕の研究室との共同プロジェクトであったりといった形で、人口減少が進む地域の経済を活性化する成功モデルづくりに取り組んできた。政府の政策でも、民間企業の経営でも、改革のプランや具体策づくりなどを通じて、志ある人たちを応援してきた。

改革を進めるという仕事は、地味で時間がかかるし、何より本当にお金にならない。でも、これからは、そうした仕事を最優先にしていこうと考えているし、実際それにあてる時間をどんどん増やしている。

そして、大きな改革につながる新しい仕事や経験ができるチャンスには、積極的に飛び込んでいこうと思っている。そのために今の仕事を辞める必要があるなら、躊躇せずに辞めるつもりだ。でないと残りの人生をエンジョイできない。

仕事以外についても、自分がやりたいことを最優先するつもりだ。仕事を放り出してメタルバンドの海外ツアーを観に行くことは、すでに再開した（笑）。また、人生残り10年で食事の回数にも上限ができてしまったので、コストを度外視しておいしい食事と酒をなるべく楽しむようにしている。その他にも何か心惹かれるものがあれば、どんどん首を突っ込み、新しい経験を積み重ねていきたいと思っている。

こう言うと、家族より自分を優先する無責任なヤツだと映るかもしれない。特に僕は結婚が遅かったから、子供はまだ中学生と小学生だ。残される家族が困らないよう、子供の教育にもっと関わり、財産も残すようにすべきだと考える人もいるだろう。

教育については後ほど詳しく述べるが、経済面では自分が生きている間は家族のために最低限稼ぐつもりだが、財産を残す気はまったくない。変に財産を残すと子供がダメになるのは、政治家や財界人の二世、三世を見れば明らか。僕の死後、生活に困ったら、子供たち自身が頑張って働けばいいと思っている。僕は社会人1年目から今に至るまでずっと母と姉を養っているが、同じことをやればいいのだ。

幸い、僕は病気が判明する1ヵ月前にマンションを購入した。それまでずっと賃貸住まいで、そろそろ永住できる場所をと思って購入したのだが、結果的に僕の死後も家族が住むところは最低限確保できたので、もう安心だと思っている。

さらに、新しい人との出会いも、積極的に求めていく。僕は、これまで多くの尊敬できる方々と知り合い、かわいがってもらい、たくさんの教えを受けた。そのおかげで、今の僕がある。三大恩人は、故・坂本龍一さん、故・やしきたかじんさん、竹中平蔵さんだが、他にも、政治・政策、ビジネス、エンタテインメントの世界で、さまざまな方からたくさんのことを学ばせてもらった。でも、ここ10年くらいは、そうした出会いが少なくなっていた感がある。だから、意識して、新しい人と出会い、死ぬまで多くのことを学びたいと思っている。

そして、たばこ！　主治医からは禁煙するよう強く言われているし、妻や子供からもしつこく言われている。でも僕は、ニコチン、カフェイン、アルコールで生きていると言っても過言ではないくらい、この3つが好きだ。それに、世で言われているたばこの弊害についても納得しかねるところがある（喫煙と肺がんの因果関係にも疑問を抱いている）。

第一、毎日ハッピーに過ごすことを目標にしたのだから、禁煙してストレスを溜めるのはナンセンスだ。だから、1日に吸う本数はすでに大きく減らしているが、ゼロにはできないし、しない。僕は、余命10年を少しでも延ばすよりも、ハッピーに毎日を過ごす方を選びたい。

人生の先輩に説教されて考えたこと

ところで、僕が最も尊敬・信頼する財界人は、オリックスの宮内義彦シニア・チェアマンだ。世間では批判されることが多い方だけれど、その実像は人への愛情と思いやりにあふれたやさしい方。僕はたくさんのことを学ばせていただいた。

その宮内さんに最近お会いした時、「人生残り10年になったので自分のハッピーとエンジョイを追求しようと思います」と話したところ、「家族をもっと大事にすることを考えろ」と説教されてしまった。納得がいかない僕の表情を察したのか、続けて宮内さんはこう言った。

「自分を大切にする人間は家族を大切にする。家族を大切にする人間は友人を大切にする」

この言葉を聞いて、そうか！　と勝手に納得した。僕はこれまで自分を大切にしてこなかったのではないか、と。時間が許す限り仕事に熱中して、ストレスを溜めまくり、5年も人間ドックに行かず、結果的に重病を患う羽目になってしまった。いつも疲れ切っていて顔色も悪かった僕を見て家族も嬉しいはずがなかったのではないか。それで早く死んでしまったら、家族には踏んだり蹴ったりだ。それより、好きなことに集中してハッピーな顔をして、体調にも気を遣った方が、結果的に家族を大切にすることにもなるのかもしれない。

もちろん、宮内さんの意図は全然違って、単に自分より家族の心配をしろと言いたかっただけかもしれない。でも、自分に都合の良い解釈をするのが得意な僕は、自分の考えに自信を深めることができた。宮内さんの教えに従って、まず何よりも自分を大切にするためにも自分勝手を通そう。それを続けることが家族を大切にすることにつながり、さらには周りの人を大切にして、みながハッピーになるかもしれない。

ちなみに、まだ僕がたばこを吸っているのを知って、宮内さんに一喝された。

「まだたばこを吸っているなんて、幼児性が抜けていない証拠だ！」もう60歳を過ぎてジジイになったと思っていたが、御年88歳の宮内さんから見たら僕はまだピヨピヨの子供だった。ならばより一層、残り10年は幼児性をフルに発揮して好き勝手やるしかない。

入院したことで気づいた〝人のやさしさ〟

自分がハッピーでいるために、残りの人生でやらなければいけないと考えていることのひとつに、他者への恩返しがある。というのも、多発性骨髄腫を患っていることを公表してから現在に至るまで、さまざまな場面で、改めて人のやさしさや温かさを実感してきたからだ。

2023年7月に病気をX（旧Twitter）で公表した時も、思いがけずネットニュースになり、世間に広まったことで、びっくりするくらい多くの知人からお見舞いや応援、励ましの連絡をいただいた。どれも本当にありがたかったが、なかでも嬉しかったのは、番組での共演を機に仲良くなったアレク（モデルで俳優のアレクサンダー氏）からのメールだ。

「岸ちゃん、エッチなお店に行くぞ！」

この短い一文に、アレクのユーモアとやさしさが詰まっていて、吹き出しながらも胸がじんわりと熱くなった。「早く元気になって退院しろ」という、アレク流の励ましだったからだ。

ちなみに、アレクとはまだエッチな店には行けていないが（笑）。

8月に退院してすぐに、『全力！脱力タイムズ』と『ミヤネ屋』に出演した時も、人のやさしさを痛感した。スタッフのみなさんが僕の復帰を心から喜んでくれ、思いがけず退院祝いまでいただいてしまったのだ。

『全力！脱力タイムズ』のＭＣを務めているのは、くりぃむしちゅーの有田哲平さんだが、彼は、僕が最も尊敬する芸人さんでもある。有田さんのお笑いに対するストイックさ、人に対するやさしさや温かさ、そして、テレビの常識に囚われず、おもしろければどんなネタでもぶち込んでくるイノベーター精神など、学ぶところがおおいにあるからだ。その尊敬する有田さんに、入院前に挨拶に行ったところ、「復帰を待っているから頑張って」と、温かい言葉をかけてもらった。人気番組だから出演したい評論家は山ほどいるし、他の人に代えられてもおかしくないのにもかかわらず、だ。この言葉が、入院中の大きな励みになったのは、言うまでもない。

『ミヤネ屋』のMC、宮根誠司さんは、僕が最も尊敬する司会者。2時間の生放送で、細かい台本がないにもかかわらず、宮根さんはいつも楽しく番組をまわし、コメンテーターが変な発言をしても的確に対応する。流れがシリアスになり過ぎると、突然お笑い要素をぶち込んで場の空気を変えるなど、一本調子になることなく、緩急を自在に使い分ける。その頭の回転の速さたるや、超人ものだ。

その宮根さんが、僕が8月中旬に退院したという情報がネットで広まった時、誰よりも先にお祝いのメールをくれた。送信時間から判断するに、明らかに『ミヤネ屋』本番中だった。宮根さんの細やかな気遣いは、本当に嬉しかった。


しかも、有田さんも宮根さんも、僕が番組に復帰したら、過剰な気遣いは一切なし。それも、僕にとっては非常にありがたかった。逆に、ハゲを隠すためにキャップを被っていることや、入院していたことをイジって、笑いに変えてくれたくらいだ。

もしも、病人だからと特別扱いしたり、「余命10年だから」と腫れ物に触るように扱われたりしたら……。きっと僕は「復帰したのは迷惑だったかも」と思ってしまったかもしれない。

いきがっていた僕はすごくバカだった

入院中に多くの人から連絡をいただいたが、なかには、思いがけない人も含まれていた。もう10年以上交流が途絶えていた人や、僕が勝手に「この人はきっと僕のこと嫌いなんだろうな」と苦手意識を持っていた人もいたのだ。そうした人たちが、僕のことをすごく心配してくれたり、お見舞いに行きたいと言ってくれたりした。僕は柄にもなく、「世の中、やさしい人ばかりだ！」と、感激すると同時に、これまでの自分を猛省した。相手に対してネガティブな感情を抱いたり、拒絶したりしていたのは、僕の心が狭かったから。勝手に「あの人とは合わない」と決めつけていただけで、相手は、そんなこと微塵（みじん）も思っていなかったのだと。

僕は好き嫌いが激しい人間だし、思ったことははっきり口にするタイプ。他人に媚びることは大嫌いだし、ついいきがってしまうところもある。自分は敵味方がはっきりと分かれる人間なんだという気持ちがどこかにあったから、勝手に苦手と思っていた人を含め、こんなに多くの人が僕のことを気にかけ、心配してくれるなんて想像もしていなかったのだ。自分は本当にバカだったと、今は心から反省している。

僕の病気と入院が世間に広まった時には、面識がない人からもたくさん連絡をいただいた。お守りを送ってくださった方や励ましの長文を速達で送ってくださった方もいた。

DEEPという総合格闘技団体の興行で、いつもの仕事である受付のお手伝いを再開した時も、多くの来場者から声をかけてもらった。「退院おめでとうございます」「体調いかがですか」「心配していましたが、お元気そうでホッとしました」。

そうした言葉が、どれほどありがたく、心に染みたことか。

SNSの普及によって、世の中には罵詈雑言があふれやすくなっている。炎上騒ぎは日常茶飯事だし、公人の不祥事に対するバッシングも以前より過激になっている。

そのせいか、人の善意より悪意の方が目につきやすい。僕自身、「世の中はイヤな奴が多い」と思っていた。

だけど、今回の一件で、世の中の大半の人はやさしくて、温かさに満ちていることがわかった。この大切な教訓を学べたのも病気になってラッキーだったと思う理由のひとつだ。

だからこそ、僕は残りの人生で自分のハッピーを最優先すると同時に、僕にやさしさをくれたみなさんに絶対に恩返ししようと思っている。何ができるかわからないけど、その気持ちを忘れず、やり続ければ、僕自身のハッピー、満足度もきっと高まると思う。

それにしても、僕の病気のことを、こんなに多くの人が知っているのには驚いた。ＳＮＳの威力は、やっぱりすごい（笑）。

2章

chapter 2

余命宣告された人・定年を迎える人へ

やはり、日本人は真面目すぎる⁉

1章で述べたように、今の僕は仕事でも趣味でもなんでも自分がやりたいこと、やり甲斐を感じられることを最優先し、自分の満足度を高めて毎日を〝ハッピー〟に過ごすとともに、新しいことにトライするチャンスがあれば、図々しいくらいに積極的に関わって人生を〝エンジョイ〟しようと、心に決めている。

僕もまだ一応社会人であり、家庭を持つ身なので、いろいろなしがらみも当然ある。でも、人生の残り時間が限られているからこそ、しがらみに囚われることで生じる妥協や後悔は最小限にしようと、自分なりに奮闘している。

こうした僕の選択は、世間にはどう映るのだろう。そんなことが少し気になったので、僕と同様に余命を告げられた人たちが残りの人生をどう過ごそうと思っているのか、知り合いやネットを通じて、リサーチしてみた。そこでわかったのは、家庭を優先する人（家族と過ごす時間を増やす、家族が自分の死後も困らないように手を尽くすなど）や、仕事を優先する人（自分が携わってきた案件や企画を遂行する、後継者の育成に力を注ぐなど）が多いということだ。

日本人は、真面目で責任感が強いんだな。
最初はそう思ったものの、僕としては、やはり違和感を拭いきれなかった。余命わずかとなってまで、なぜ自分以外の人を気遣い、優先しようとするのだろうかと。
余命を告げられる人の多くは中高年だと仮定すると、家族や会社に尽くすという、ある種昭和的な価値観で生きてきた人が多いのだろう。残りの人生でも、それを続けようと考えてしまうのだろうか。もしくは、日本人に多い遺伝子の影響で、集団を大事にしてしまうのだろうか。

脳内の神経伝達物質に、「幸せホルモン」とも称されるセロトニンがある。このセロトニンの分泌量を左右するのがセロトニントランスポーター遺伝子で、分泌量の少ないS型と、分泌量の多いL型の2種類があり、前者は不安遺伝子、後者は楽観遺伝子とも呼ばれている。日本人はこのS型保有者が80％以上を占めるそうだ（ちなみに、アメリカ人は約45％、南アフリカ人は約28％）。不安だから、集団を形成し、みんなといっしょに行動することで自分の身を守ろうとするのかもしれない。

価値観のせいか遺伝子のせいかはわからないが、余命わずかになってまで自分よりも他者を優先するのはもったいない気がしてならない。僕が変わり者なのかもしれないが、日本人、特に中高齢の人たちは、会社や家族といった自分が属する集団を自分より優先し過ぎだ。自分の人生なのだから、特に最後は自分自身が毎日をハッピーにエンジョイしてナンボだと思う。

余命の告知は「残りの人生を楽しめ」という天啓

人生の残り時間の目安がわかるというのは、正直、すごく複雑な気持ちになる。でも、何事にもポジティブな面はある。生き方を変えるチャンスを手に入れたってすごいことだと思う。

余命を告げられたということは、「これまで長い間頑張り続けたのだから、最後は好き勝手して、自分自身の人生を楽しんでいいよ」という天啓。そんな風にとらえても、いいのではないだろうか。

僕と同様、「余命を告げられる」という経験をした人、あるいは、する人は少なくないだろう。そんな人たちに、声を大にして言いたい。人生の残り時間を告げられるということは、悲しい知らせではなく、自分最優先の生き方をするチャンスを得た、すごくラッキーなことなのだと。

特に中高齢の人の多くは、家族も自立しているだろうから、好き勝手なことをやりやすいはずだ。これを機に、自分がもっとハッピーで、エンジョイできる生き方をして、最期を迎える時に、心から「楽しい人生だった」と言えるように過ごしてほしい。

もちろん、何が自分にとってハッピーかは人それぞれだ。家族や会社に尽くすことが自分の喜び、満足につながる人もいるだろう。誰しも、何かしらの集団に属しているわけだから、その集団のために役立つことが、自らの存在意義となり、生きる希望になることも理解できる。そうした生き方が、自分が本当に望むものであれば、それを貫くのが一番だ。

それでも僕は、家庭や仕事は、残りの人生でハッピーとエンジョイを実現するための〝手段〟であって、それらを〝目的〟にしてはダメだと思っている。〝目的〟はあくまで自分のハッピーであるべきだ。

一般的には、残された時間で家族との思い出をつくるとか、家族が将来困らないように準備する、つまり、家族の幸せこそを〝目的〟にすべきと考える人の方が多いようだ。だけど、それで残された家族が本当に幸せなのだろうか。

本当にやりたいことを我慢して、人生の残り時間を家族のために使う。もしかしたらそれは、家族を喜ばせるどころか、後悔や自責の念を抱かせるのではないだろうか。都合の良い考え方かもしれないけれど、それよりも、最後に好きなことを存分に楽しんだ姿を、家族や周りの人に見せた方が、遺された人は嬉しいのではないかと思う。

まず取り組むべきは、「バケット・リスト」作成

それでは、残り人生でハッピーとエンジョイを実現するためにはどうすればいいか。僕がまずおすすめするのは、「バケット・リスト（Bucket List）」、死ぬまでにやり遂げたいことのリストを作成すること。

趣味、旅行、家族でのイベント、仕事、なんでもいい。やりたいことの数は多ければ多いほど良いと思う。実現に向けての準備や計画、行動が楽しくなり、「余命何年」と落ち込んでいる暇はなくなるはずだ。

実際、僕の友人に、奥様ががんで余命宣告された際、奥様のバケット・リストを作成し、当時務めていた外資系企業の社長を辞して、夫婦でリストの実現に取り組んだ人がいる。リストは見事コンプリート。そして、なんと奥様の余命は、当初宣告されたよりも長くなったそうだ。

奥様の寿命が延びたのは、医療技術の進歩によるところが大きいとは思う。それに加え、リストのコンプリートという新たな目標ができたことが、生き甲斐となり、精神的な充実につながって、がんと闘う力を強めてくれた側面もあるのではないだろうか。

ちなみに僕もバケット・リストをつくっていて、すでにいくつかは実行している。そのひとつが、新車を買うこと。それまでのクルマはもう10年近く乗っていたので、僕の人生で最後の新車を、加入していた医療保険から下りた保険金を注ぎ込んで買ってしまった。本来は医療費や今後の生活の補塡のために使うべきお金だと思うが、自分のハッピーを追求すると決めた僕に迷いはなかった。妻にはもちろん（!?）事後報告。それを知った時、妻が呆れ果てた顔をしたのは言うまでもない。

ハッピーの素は、〝スマイル〟と〝大きな声〟

バケット・リスト作成に次いで、ハッピーとエンジョイの実現のために僕がおすすめしたいのは、常に〝スマイル〟と〝大きな声〟を意識すること。

まず〝スマイル〟について。長く入院して感じたのだが、重い病気を患っている人ほど表情が暗く、スマイルが少ない。状況的に仕方のないことだとは思うし、体調が悪い時は笑顔になれなくても当然だ。僕自身、抗がん剤投与後に5日間寝込んでいた時は、スマイルどころではなかった。

でも、体調が多少良い時は、もっとスマイルを出しても良い、いや、出すべきではないかと思う。「病（やまい）は気から」「笑う門には福来たる」という言葉もあるように、病気と闘い、残りの人生をハッピーに過ごすには、スマイルを増やし、気持ちが前向きになるように、〝仕向ける〟のも大切ではないだろうか。

僕は入院中、本当に体調がしんどかったあの5日間を除いては、なるべくスマイルを絶やさないようにしたつもりだ。それは、しんどい日々を、少しでも明るく、前向きな気持ちで過ごすのに有効だったと感じている。

ちなみに、スマイルの重要性は米国在住時に学んだ。はっきり言って日本人はスマイルが少ないし下手だ。それに対して、アメリカ人はスマイルが上手だし、鶏が先か卵が先かはともかく、そのスマイルと、明るく前向きに人生をエンジョイする姿勢が併存していると思う。

実際、病気になる前も、スマイルは、僕の人生にたくさんのハッピーをもたらしてくれた。笑顔でいれば周りの人に親しみを持ってもらえるし（少なくとも、笑顔を向けられて悪い気はしないと思う）、自分自身が楽しく、ポジティブな気分になれるからだ。

冷たい言い方かもしれないが、「なぜ自分が」とか「もっと健康に留意しておけば」などと後悔しても、時間を巻き戻すことはできない。どうにもできないことを嘆き続けていても、仕方がない。それよりも今できることで、自分がちょっとでも明るく、楽しく生きられるように舵（かじ）を切った方が絶対にいいと、僕は確信している。

〝大きな声〟の大切さは、僕が解説員としてレギュラー出演している『坂上&指原のつぶれない店』（TBS）でMCを務める坂上忍さんから学んだことだ。

2017年に番組がスタートしたばかりの頃、僕は役人時代からの悪い癖で、さほど大きくない声でボソボソとしゃべっていた。胸元にマイクがついているから、問題ないだろうと思ったのだ。

すると坂上さんに、「岸さん、もっと声を張って!」と一喝された。役人調にボソボソと解説すると、当然ながら聞きづらい。おまけに、話している内容がどんなにおもしろくても、それがイマイチ伝わらないし、スタジオの雰囲気も盛り上がらない。だから、坂上さんは収録中にもかかわらず、ズバリと指摘してくれたのだ。

なるほど、教えられた通り声を張って話してみると、なんだか明るい気持ちになれ、自分に自信も持てる。スタジオの空気感を良くすることにも貢献できる。以来、テレビ出演はもちろん、講演会や大学院の授業、その他あらゆる場面で、大きな声で話すようにしているが、その効果は想像以上だ。

こうした実体験から、まず気分から自分をハッピーにする最強の武器は〝スマイル〟と〝大きな声〟のセットだと、僕は確信している。騙されたと思って、みなさんにもぜひ実践してもらいたい。

人生をエンジョイするための〝お約束とサプライズ〟

人生をエンジョイするには、〝お約束とサプライズ〟も大事だ。この言葉は、次長課長の河本準一さんから教わった。河本さんいわく、お笑い芸人が長く活躍し続けるには、この2つは欠かせない要素とのこと。

人気芸人には鉄板の持ちネタがあり、ファンはそれを期待している。でも、その〝お約束〟だけでは、すぐに飽きられてしまう。だから、みんなが予想していないような〝サプライズ〟をぶち込むことが、長く活躍するためには大事なのだそうだ。

僕はこの話を聞き、「なるほど！」と深く納得した。たしかに、お笑いに限らずどんなエンタテインメントにも、長く愛され続けるには、〝お約束とサプライズ〟は必須だし、ビジネスや政治の世界でも同じことが言えると思う。大ヒット商品の延長線上の商品という〝お約束〟ばかり出していれば、いずれ消費者に飽きられてしまうが、誰も予期しなかった〝サプライズ〟を打ち出せば、いつまでも消費者を惹きつけ続けられるはずだ。
ちなみに、サプライズについて河本さんは、「大事なのは人の期待を裏切ること」と言っていた。ビジネスパーソンや政治家も心に刻み込むべき大事な名言だと思う。

そしてこれは、人生においても同じだと、僕は思う。仕事にたとえるとわかりやすいが、終身雇用で同じ会社で働き続ける場合、定年まで身分と収入が安定しているという〝お約束〟こそあれ、〝サプライズ〟はせいぜい転勤や異動といったものくらいで、ダイナミックなものは期待できないだろう。もちろん、安定重視の人にとっては、それで十分かもしれないが、〝お約束〟だけがずっと続いては、物足りなく感じることもあるのではないだろうか。

「人生をエンジョイする」のに欠かせないのは、ワクワク感やドキドキ感だと思う。だからこそ、残り人生をもっとエンジョイするためには、意識して自分から〝サプライズ〟を探す、創り出すことが大事だと思う。

多くの人はお笑いが好きなはずである。ならば、河本さんが教えてくれたお笑いの極意である〝お約束とサプライズ〟を自分の生き方に取り込んでみてはどうだろうか。

病気も定年も、人生を見直す絶好の機会

病気が判明した時、僕は60歳だった。会社勤めの身であれば、そろそろリタイアの年齢。法律的には、企業に65歳までの雇用確保が義務づけられ、70歳までの就業機会の確保も努力義務とされているから、実際の定年はまだ先かもしれない。とはいえ、多くの人が60歳前後で、定年後の人生に思いを馳せることだろう。

その時に立ちはだかるのが、老後のお金の不安である。日本人の平均寿命は驚くほど延びていて、男性は81歳、女性は87歳（2022年厚

労省調べ)。一般的には、定年後少なくとも20年、人によっては30年も生きることになる。となれば、定年後の生活はどうやって支えていけばいいのか、年金や貯蓄で足りるのかなど、将来が不安になるのは当然のことだろう。

だけど、定年というのは人生のデザインを大きく変えるチャンスでもあるのだから、定年後の人生をいかにハッピーに過ごすかという観点を持つことも忘れないでほしい。これまでの人生でやりたかったけれどできなかったこと、挑戦したかったこと、興味があること、それを全部やるつもりになってもいいのではないだろうか。

僕が経済的に恵まれているから、そんなことを言っているわけではない。病気になって以降、体調を考えて仕事の量は減らしているし、またお金よりもやり甲斐重視で仕事をしているので、収入は大きく減った。治療費は正直すごくかかるし、子供たちはまだ中学生と小学生だから、しばらくは教育費もかかる。でも僕は、家族のためには最低限必要なお金さえ稼げれば〇Ｋだと考えているし、財産を残す必要もないと考えているので、自分のハッピーを優先するつもりだ。

ご存じの通り、日本は人口減少と少子高齢化が急速に進んでいて、あらゆる産業、あらゆる地域で人手不足が深刻だ。２０２２年10月現在60歳の人口が１５１万人なのに対して22歳は１２６万人しかいないし（統計局人口推計）、15年後は、前者が１９９万人で後者が１００万人になると予測されている。つまり、60歳どころか70歳を超えても、労働力として必要とされるのである。高齢者の力も借りなければ、日本経済が立ち行かなくなるからだ。

だから、会社を定年退職した後も、仕事の選り好みさえしなければ、働き口に困ることはない。定年前のような収入は無理だとしても、自分自身の楽しみを優先しながら、生活を維持していくのは、不可能ではない。そこで必要なのは、常に新しい知識やスキルを学び続けて自分自身を進化させる姿勢と、長く働けるように体力と健康を維持することだ。

定年は、僕にとっての病気告知と同様、自分の人生を立ち止まって見つめ、どちらに舵を切るか考える絶好の機会だ。その時、「今までの仕事や生き方をなるべく変えたくない」とか「生活しないといけないから、仕方なく働き続ける」ではなく、「いかに自分が毎日をハッピーに過ごせるようにするか」「いかに人生をエンジョイできるようにするか」という視点も持ち、残りの人生、悔いなく過ごしてほしい。

変化を恐れず、おもしろがる力を高める

病気が判明して1年、治療を続けるなかで僕は、さまざまな気づきを得た。ひとつは、バラエティ番組に出演するなかで学んだ「変化を恐れず、どんなこともおもしろがる」姿勢は実生活でもすごく大事だということ。

治療を始めた2023年3月時点で、夏には抗がん剤投与が決まっていて、その副作用で髪が抜けることを説明されていた。そうなった際、多くの患者は、「帽子を被る」か「ウィッグ（かつら）で以前の見た目をキープする」という対処法をとるらしい。

帽子はともかく、ウィッグはそれ相応の費用がかかる。それでも、ウィッグを選び、自分のこれまでの見た目を維持しようとするのはなぜだろう。女性ならまだしも、男性にもその選択をする人が多いというのには驚いた（ジェンダーフリーの今、これは問題発言かもしれないが）。長年キープしてきた〝見た目〟と変わることは、受け入れ難いのだろうか。周囲の自分に対するイメージが崩れるのがイヤなのだろうか。

僕はこれまでずっと、顔が長くて見苦しいのだから、せめて髪くらいはこざっぱりさせようと、白髪頭を真っ黒に染め、月に1度は美容院でカットしてもらっていた。

それなのに、突然頭がツルツルになってしまったら、見る人の違和感が大きいに違いない。そう考え、担当の美容師さんに相談したところ、「黒髪↓白髪↓短髪↓スキンヘッド」と髪型を徐々に変化させようと提案され、まずは3月末に髪を染めるのをやめて白髪頭にし、長さもかなり短くした。

当時はまだ病気を公表していなかったので、周囲の人たちやテレビの視聴者にどう思われるか心配していたのだが、拍子抜けするくらいに反応がなかった(笑)。数人から、「その方がダンディーでいい」などと社交辞令のおほめの言葉をいただいたものの、大半の人は僕の髪型になんて関心がなかったのだ。いわば、髪型を気にしていた僕は、自意識過剰だったというわけだ。

7月末に入院して間もなく、抗がん剤治療の直前に、病院内の理容室で髪を長さ3ミリ、いわゆる丸刈りにしてもらった。子供の頃を含めてこんなに短くしたのは、これが初めて。僕自身は違和感しかなかったけれど、看護師さんからの評判も悪くなかったし、オンライン取材で僕の頭を見たなじみの編集者からは、「前より若々しくなった気がします」と言ってもらえた。やっぱり、長年続けてきたヘアスタイルが自分に最も似合っているというのは、僕の勝手な思い込みに過ぎなかったようだ。

抗がん剤治療を開始した1週間後、髪がごっそりと抜け出したのには、さすがの僕も落ち込んだ。とはいえ、しばらくすると、これはこれでおもしろいと思えるようになった。この長い顔から髪がなくなって周りがどんな反応をするのか、実験してやろうという気持ちが芽生えてきたのだ。

早速、入院中のリモート会議や退院後の対面の仕事で、以前から知っている人に対しては、スキンヘッドで臨んでみた。すると、もちろん気遣いもあるとは思うが、「意外と似合う」「頭の形が良い」などと、おおむね好評だった。

ただし、テレビ出演や講演会の際は、病気であることが強調され過ぎないようにと考え、帽子を被ることにした。これも、「長い顔で帽子を被るとどう見えるか」という、僕なりの実験だったが、さまざまな帽子にトライした結果、とあるブランドのトレードマークのウサギのキャップに落ち着いた。

僕は、テレビ番組で政治や政策の批判をすることが多い。ウサギのキャップという少々ふざけたものを選んだのは、「こんなウサギに批判されて悔しいだろ」と、政治家を煽（あお）る気持ちもあったからなのだが、同時に、帽子で自分の印象を変えることをエンジョイできた。

こうした経験から学んだのは、「他人は、自分が思っているほど自分のことになど関心がない」ということ。周囲の反応を見るに、スキンヘッドも帽子姿も、5分も目にすれば、慣れてしまうらしい。そもそも60歳過ぎたオッサンの髪型など、誰も興味がなくて当然だろう。〝見た目の変化〟は、恐れるに足らないことなのだ。

抗がん剤治療から4ヵ月ほどで髪の毛はだいぶ伸びたので、2024年1月に帽子をやめた。でも今後はもう、以前のヘアスタイルに戻さない。短めの白髪頭をベースにし、気が向いたらスキンヘッドにするかもしれない。理由は簡単。その方が、洗髪が楽だし、気分転換になりそうだから。

髪が抜け、以前とは違う見た目になった自分を楽しんでみる。そうすると、こんな風に新たな発見があるかもしれない。

基礎体力は何よりも大事だった

もうひとつ気づいたのは、体力は何よりも大事だということ。特に、中高年で、重篤な病気に罹患(りかん)した場合、基礎体力の有無がモノをいう。

僕が、抗がん剤の副作用に悩まされたのが5日程度と比較的短く、食欲も早めに回復して、入院中リハビリルームで毎日1時間もトレーニングに励めたのは、基礎体力があったから。主治医にもそう言われたから、間違いない。

結果、長ければ6週間と言われていた入院期間は、最短の4週間で終えることができたし、仕事にもわりとスムーズに復帰できた。

自慢じゃないが、僕は若い頃から体を鍛えていた。ロッククライミングに熱中していた頃は1日1500回スクワットをしていたし、ニューヨーク赴任中は時間に余裕があるのをいいことに鍛えまくり、片手懸垂ができたほどだ。総合格闘技の世界に関わるようになってからは、プロの格闘家にキックボクシングや柔術を教わっていたくらいだ。

もっとも、多発性骨髄腫が発覚して以降は、主治医からハードなトレーニングは禁止されている。骨がもろくなっていて、多少の衝撃でも骨にヒビが入ってしまうためだ。

だからといって、まったく運動しないというのは、なんとなく気持ちが悪い。基礎体力の大事さを再認識したところだし、何かいい手はないかと考え、思いついたのが、皇居ラン。皇居1周約5キロの距離を、週に2回程度走ることにしたのだ。

治療がスタートした春頃は、1周30分くらいのペースで走っていた。それが、夏の入院をはさみ、退院1週間後に再開した時は、1キロ弱しか走れず、残り4キロはウォーキングに。造血幹細胞移植と抗がん剤治療、恐るべし……だ。

でも、それから10日後には2・5キロくらいまで、その2週間後には5キロぶっ続けで走れるようになり、退院2ヵ月経った頃には、30分台で完走できるようになった。ほぼ体力が戻ったのである。

秋からの新たな治療で、また1周45分かかるようになってしまったが、体が治療に慣れてくるにしたがって、タイムも短縮できた。

病気によっては、トレーニングが難しいケースもあるだろう。でも、可能であれば、体に負荷をかけ過ぎない程度に運動をして、体力をつけるにこしたことはない。

健康体なのに、忙しいとか気が乗らないといった理由で体を動かしていない人もいるだろうが、病気の有無に関係なく、中高年になって人生をエンジョイするための基礎は体力だと思う。予防医療の観点からも大事だ。今からでも遅くはない。少しずつでも、運動を習慣にしてはいかがだろうか。

「元気があればなんでもできる!」。故・アントニオ猪木さんの名言は、真実だ。これは、僕が保証する。

3章

chapter 3

未来を担う若い世代へ

若い世代にも〝ハッピー〟と〝エンジョイ〟が大切な理由

これまで書いてきたように、僕は多発性骨髄腫で余命10年となったのを機に、仕事や家族などのしがらみに妥協して生きるのはやめ、仕事でもそれ以外でも自分自身のハッピーを追求し、貪欲に新しいことに挑戦して人生をエンジョイしようと考えるようになった。

僕と同じく余命宣告された人や定年を迎える人など、人生の残り時間が少なくなってきた人にもぜひ同じ生き方をおすすめしたいが、よく考えると、これからは若い世代こそがそうした生き方を実践すべきではないか。

なぜなら、これから先は、国や企業任せでは幸せや豊かさは享受できず、自分でなんとかするしかないからだ。

日本ではこれまで、経済というと〝GDP〟、つまり国の経済の規模

ひとり当たり名目GDPランキング
（2023年、出典：IMF World Economic Outlook）

1位	ルクセンブルク	$135,605	21位	香港	$51,168
2位	アイルランド	$112,248	22位	アラブ首長国連邦	$50,602
3位	スイス	$102,866	23位	英国	$48,913
4位	ノルウェー	$99,266	24位	ニュージーランド	$48,072
5位	シンガポール	$87,884	25位	フランス	$46,315
6位	カタール	$81,968	26位	アンドラ	$44,107
7位	米国	$80,412	27位	マルタ	$38,715
8位	アイスランド	$78,837	28位	イタリア	$37,146
9位	デンマーク	$71,402	29位	プエルトリコ	$37,093
10位	オーストラリア	$63,487	30位	アルバ	$35,718
11位	オランダ	$61,770	31位	キプロス	$34,791
12位	サンマリノ	$58,541	32位	ブルネイ	$34,384
13位	オーストリア	$58,013	33位	バハマ	$34,371
14位	スウェーデン	$55,216	**34位**	**日本**	**$33,950**
15位	フィンランド	$54,507	35位	韓国	$33,147
16位	マカオ	$54,296	36位	スペイン	$33,090
17位	ベルギー	$53,657	37位	サウジアラビア	$32,586
18位	カナダ	$53,247	38位	スロベニア	$32,350
19位	イスラエル	$53,196	39位	台湾	$32,340
20位	ドイツ	$52,824	40位	クウェート	$32,215

ばかりが意識されてきたが、人口が減少する国ではそれは長期的には縮小していかざるを得ない。人口と経済がピークを過ぎたこれからの日本では、国の経済よりも〝ひとり当たりGDP〟（ひとり当たりの所得水準）を意識し、国民が幸せに暮らせる〝成熟した先進国〟を目指すべきではないか。人口減少により、日本も国や企業といった集団よりも個人を重視する時代になったのだ。

でも日本の現実は厳しい。2023年に日本のGDPがドイツに抜かれて世界第4位に落ちたと大きく報道されたが、ひとり当たりGDPはもっと大変だ。2000年に世界第2位だったのが、今や世界第34位にまで落ちた。G7（主要7ヵ国）の中でも最下位である。失われた30年の間に日本はすごく貧乏になった。

そして、“World Happiness Report”の2023年版によると、国別幸福度ランキングで日本は世界137ヵ国中47位で、G7の中でもダントツの最下位。日本人は世界も認める真面目な国民性で、一生懸命働いているにもかかわらず、経済水準も幸福度も低いなんて、あまりに残念すぎる。

フランスやイタリアは、個人主義で、日本よりよっぽど働かない国だけど、日本より幸福度（フランスは世界21位、イタリアは33位）、経済力（ひとり当たりGDP、フランスは25位、イタリアは28位）共に高い。経済力があってランチやディナーにたっぷり時間をとったり、長期間のバカンスを楽しんだりと人生もエンジョイしている。成熟した先進国と

国別幸福度ランキング
（2023年、出典：World Happiness Report）

順位	国
1位	フィンランド
2位	デンマーク
3位	アイスランド
4位	イスラエル
5位	オランダ
6位	スウェーデン
7位	ノルウェー
8位	スイス
9位	ルクセンブルク
10位	ニュージーランド
13位	カナダ
15位	米国
16位	ドイツ
19位	英国
21位	フランス
25位	シンガポール
27位	台湾
33位	イタリア
36位	メキシコ
47位	**日本**
49位	ブラジル
55位	マレーシア
57位	韓国
60位	タイ
64位	中国
70位	ロシア

（注）10位までは全部並べ、あとはG7とアジアなどの主要国の順位を表記しました

は、本来こんな風に個人の幸福度と所得水準の両方が高い国のことだ。

国としてのピークを過ぎ、経済規模と人口の双方が落ちゆく日本は、もっと個人の幸福や豊かさを重視すべきだ。そして、僕らひとりひとりも、そうした意識を持つことが大切。これからの世を生きる若い世代には、そのことを一度しっかり考えてみてほしい。

収入と幸福度のアップ、どちらも実現すべきだ

何をもってハッピーだと感じるかは、人によって大きく違う。収入が増えて豊かな暮らしができれば幸せな人もいれば、お金がなくてもプライベートな時間を充実させることに満足感を抱く人もいるだろう。人それぞれ、自分を幸せにする方法が明確ならば、それを実現すべく行動すればいい。ただ、個人的には、若い世代には、経済的な豊かさと個人的な満足度の両方を貪欲に追求してもらいたいと思う。

ワークライフバランスという言葉が流行(はや)ったこともあってか、収入はそこそこでいいからプライベートを充実させたいと考える人も多いようだが、それは、誤解を恐れずに言うならば〝低位安定〟を目指すに等しいと思う。

意外と知られてないが、日本人は失われた30年の間にすごく貧乏になった。ひとり当たりGDPはシンガポールの半分以下。また、所得税を納めている人全体のなかで、税率5%と10%が適用される課税所得330万円未満の人の割合はなんと80%を占めている。これまではデフレでモノの値段が安かったから良かったけれど、これからはインフレでモノの値段も毎年上がっていくだろう。努力して収入を増やして生活水準を上げながら、ワークライフバランスも実現するという、世界で当たり前のことをやるしかない。

現在は、少子高齢化の影響もあり、どんな地域でも、どんな産業でも、人手不足がますます深刻化し、職種によっては賃金も大幅に上昇している。つまり、労働力として、引く手あまたの若い世代にとって、収入アップのチャンスが至る所に転がっているということ。だからぜひ、このチャンスを活かし、自分が満足できる収入と待遇、できればやり甲斐もある仕事を目指してほしい。そして、経済的な豊かさと同時に、個人的な満足度も追求してほしいと願っている。

ついでに余計なことをひとつ言わせてほしい。若い人の間で〝FIRE〟(Financial Independence, Retire Early、〝経済的自立と早期リタイア〟)という言葉が流行っているようだが、その目標金額が気になる。識者のなかにも、「5000万円貯えれば可能」と言っている人もいるが、グローバルな視点からはその金額はショボすぎる。その程度の金額で、「残りの人生、経済的に安泰」なんて考えるのは、個人的には危険だと思う。改めて、日本はずいぶん貧しい国になってしまったと、嘆かざるを得ない。

転職・起業をしよう。甘え癖を直そう

若い世代の人が人生をハッピーにエンジョイするには、そして何よりそれに必要な経済力を高めるには、仕事に関して副業・転職・起業など新しい経験に前向きに飛び込んでいくことが大事ではないかと思う。

昭和の時代は終身雇用が当たり前だったけれど、今は転職が珍しくなくなり、優秀な若者ほど有名大企業への就職より起業を目指すようになっている。この傾向はとても喜ばしいことだ。

昭和の頃のように、企業が定年後まで社員の人生の面倒を見るなんて、もうあり得ない。それに、勘違いされがちだが、物価が上昇すれば働く人の賃金も上がり続けるなんてことはない。働く人の賃金は、本来その人の生産性（働いた時間でどれだけの付加価値を生み出しているか）の上昇に比例して上がるのである。だから、意識して自分の生産性を高めなくてはダメだ。

それに、今後はより一層、多くの仕事がデジタルやAIに取って代わられるだろう。オフィスワークでも現場の作業でも、定型的な仕事ほど機械に代替されることになるはずだ。

だからこそ、自分の生産性を高めようと思ったら、単に仕事に関する知識を増やすだけでなく、機械が絶対に代替できない能力である〝クリエイティビティ〟、つまり創造的なアイディアを生み出せる能力を強化することが大事になる。

そのためには、さまざまな仕事に携わって経験の幅を広げることがすごく役に立つ。仕事が違えば、環境も出会う人も自ずと変わるので、多様な価値観や考え方に触れることができ、自分の〝引き出し〟も増えていく。それが斬新なアイディアの創出につながるのだ。

これは、僕自身が実体験を通して確信していることでもある。社会人になって最初の20年は経産省に勤めたが、その半分は経産省の外（2年は留学、3年は国際機関、5年は小泉政権で政治側）で違った経験をしてきた。今は大学院で教える以外に、政策立案の仕事、地方経済の活性化、ヘッジファンドのアドバイザー、音楽ビジネス（エイベックス）や総合格闘技ビジネス（RIZIN）の顧問、テレビ出演など、堅い極みから柔らかい極みまでさまざまな仕事に携わっている。そのおかげで、例えば音楽ビジネスの経験が地方活性化の仕事に役立つなど、クリエイティビティが多少は磨かれたと自負している。

それに、1度きりの人生だ。いろいろなことを経験し、人生の幅を広げた方が、ずっとおもしろい。この先の収入と幸福度アップと同時に、人生を人の何倍もエンジョイするためにも、新たな一歩を踏み出すことをおすすめする。

ところで、2000年代後半以降、大きな危機が頻発している。2008年のリーマンショック、2011年の東日本大震災、2020年からの新型コロナウイルス感染症。その対応として、政府は財政支出を大幅に増やし、企業や個人にカネをばら撒き続けてきた。その結果、企業も個人も、何かあるとすぐ政府にすがり、補助金などを出してもらおうとする〝甘え癖〟がついてしまった気がする。大企業も然(しか)りで、巨額の内部留保があるにもかかわらず、平然と政府に減税や補助金を求め続けている。

背景には政治の劣化もあり、それはそれで大問題なのだが、この〝甘え癖〟は早急に改めるべきだ。

世界最悪水準の借金を抱える日本には、そんな鷹揚な財政出動を続ける余裕はもうない。いつまでも、国民や企業の甘えに応じてはいられなくなるはずだ。そもそも、政府の補助金は一時しのぎにしか過ぎず、企業や働く人の生産性を高めることにつながらない。

だから、将来ある若い世代こそ、日本の政府などはあてにせず、自分自身の努力と才覚で、自分の生産性を高めてほしい。それがハッピーを実現する基礎になるのだから。

知っておくべき、日本に起こっている5つの構造変化

日本の経済・社会は大きな時代の変わり目に差し掛かっている。なぜなら、5つの大きな構造変化が同時進行で進んでいるからだ。

少々小難しい話になるが、ひとつひとつ説明していこう。

第1の構造変化は、「デフレからの脱却」。30年続いたデフレが、インフレに転換するということは、人や企業の行動原理が、これまでとは正反対にならざるを得ないということ。

最たるものがお金の使い方だろう。デフレの時代は、モノの値段が下がり続けるから、なるべくお金は使わず、持っておくのが合理的だった。対してインフレになると、モノの値段はどんどん上がるため、お金の価値は下がってしまうのだから、お金を貯めこむより、有意義に使った方

が得になるというわけだ。
問題はデフレが30年も続いたので、30代半ばまでの若い世代はインフレの時代の感覚がわからない。企業もすぐには行動原理を変えられない。この変化への対応は大変だ。

2つめは「人口減少」。日本の総人口は2011年からすでに減少しているが、このペースは今後さらに速まると予想されている。実はこれは、日本に限ったことではない。中国は2021年に人口がピークに達し、韓国は日本以上に低い出生率に喘(あえ)いでいるなど、東アジア全体でも遠からず人口減少が始まるだろうし、2050年にはアフリカやアジアの一部を除く世界各国の人口が減少し始めると言われている。となると、世界レベルでの労働力の奪い合い、特に優秀な人材の奪い合いが確実に起こる。

日本はこれまで安い労働力を外国人に頼ってきたことで、生産性の低さを補ってきたが、それは難しくなる。第一、世界規模で引く手あまたの優秀な外国人に、すごく貧しくなった日本を選んでもらえる可能性は高くないだろう。

3つめは「グローバル化の変質」だ。1989年のベルリンの壁崩壊、1991年のソ連邦崩壊、1990年代初頭からの中国の改革・開放路線によって東西冷戦が終焉し、30年ほど前から急速にグローバル化が進んできた。結果、企業はグローバル・サプライチェーンを構築し、新興国で製造された安価な製品を世界中が享受することができた。

ところが、トランプ前大統領の時代に米中対立が経済面で始まり、今や安全保障の面にも拡大。2022年にロシアがウクライナに軍事侵攻したことで、世界の対立に拍車がかかり、自由主義の西側諸国（G7が筆頭）と独裁者が率いる覇権主義国家（中国、ロシア、北朝鮮など）の対立は激化する一方だ。この状況は、中国の習近平が国家主席の間は、激化こそすれ改善するとは思えない。いわば、自由なグローバル化の時代は終焉し、自由主義国家の経済圏と覇権主義国家の経済圏に分断された、ブロック化の時代に入っていくことになる。となれば、安全保障の観点から重要な先端半導体などに限定せず、エネルギーや食料などの自国生産も、重要な課題になっていくだろう。

第4の変化はDX(Digital Transformation)、デジタル化である。日本は過去30年にわたって世界のデジタル化の潮流に乗り遅れ続け、すっかりデジタル後進国となってしまった。世界のデジタル競争力ランキング(スイスのIMDが毎年作成)を見ると、日本の総合順位は32位で、1位の米国はもちろんのこと、10位以内に入っているアジアの国々にも大きく水を開けられている。

ただ、コロナ禍を機に、抵抗勢力に阻まれていた遠隔勤務や遠隔教育、遠隔医療などが一気に実現した。これは、日本にとって大きなチャンス。AIの急速な進化からもわかるように、デジタル技術は日進月歩で、今なら、10年前よりもずっと高性能で安価なデジタル製品・サービスを導入可能だ。このタイミングで、各業界でデジタル化を普及させ、〝後発者の利益〟を享受できれば、日本の経済や企業の復活は、十分可能だと思う。

5つめの変化はGX（Green Transformation）、気候変動問題への対応だ。近年の世界的な異常気象からも明らかなように、温室効果ガスの削減は、地球規模で取り組むべき深刻な課題となっている。

国別デジタル競争力ランキング
（2023年、出典：IMD World Digital Competitiveness Ranking）

順位	国・地域
1位	米国
2位	オランダ
3位	シンガポール
4位	デンマーク
5位	スイス
6位	韓国
7位	スウェーデン
8位	フィンランド
9位	台湾
10位	香港
11位	カナダ
19位	中国
20位	英国
23位	ドイツ
27位	フランス
31位	スペイン
32位	**日本**
33位	マレーシア
34位	カザフスタン
35位	タイ
43位	イタリア
49位	インド

日本は、2050年にカーボンニュートラル実現を公約に掲げているが、環境先進エリアの欧州や米国では温室効果ガスの削減は当たり前のことで、すでに次の段階に入っている。ゴミゼロに代表される「循環経済(Circular Economy)」、環境や人権に配慮した商品を重視する「エシカル消費」が提唱されている。オランダの首都アムステルダムは、経済成長は目指さずに地域の住民が安心して暮らせる「循環都市(Circular City)」を2050年までに実現すると宣言している。

これらの変化を受け、欧米の若者の価値観は大きく進化している。住むなら環境のいいところ、食べ物は値段が高くても無添加やオーガニック、仕事は収入も大事だけど、社会の役に立っていると実感できるかが重要、といった具合だ。そして、それがSNSなどを通じて日本の若者にも広まっている。

このように、若い世代の価値観が、物質的な豊かさを求めた僕らの若い頃とはかなり違うことを考えると、彼らが社会の中心になる10年後には、世の中の価値観は大きく変わっているはずだ。

イノベーションを起こせるのは若い世代

これだけ大きな構造変化が5つも同時進行で動いているのだから、おそらく10年もしないうちに、日本社会の価値観、ビジネスや経済の在り方は大きく変化するはず。それが意味するのは、日本経済が本当の意味で復活して繁栄を続けるには、今まで以上にもっと多くの斬新なイノベーションの創出が必要かつ重要になるということだ。

イノベーションとは、今までにないまったく新しいモノを生み出すことではなく（それは発明に該当する）、経済学的には、すでに世の中に存在するモノの斬新な組み合わせを生み出すことを指す。そして、その組み合わせを思いつくかどうかは、人のクリエイティビティがカギを握っている。

このクリエイティビティ、アメリカのとある心理学者の研究では、高齢者よりも若い世代の方が長けていると証明されている。つまり、これからの時代、企業に限らず、どんな組織や業界でも、若い世代の力がますます重要になってくるということだ。

ちなみに、上場企業の年齢（創業から今に至る年数）の中央値を見ると、米国のS&P500種の構成企業が29歳であるのに対して、日本の日経225銘柄の企業は80歳。日本経済が、アメリカから大きく後れを取っている理由は、ここにもあるのだろう。

政治家や官僚、大企業の力だけでは日本経済は復活しない。若い世代がもっと活躍することこそが必要なのだ。そうした挑戦は、若い世代の君たちが、人生をエンジョイする絶好の機会になると思う。だから、自分の力を発揮できる仕事にトライし、どんどんイノベーションを起こしてほしい。

4章

chapter 4

人生を〝ハッピー〟に〝エンジョイ〟するための5つのヒント

1、「自助・自立」と「教育」の精神

ハッピーを追求し、人生をエンジョイするために、僕が心がけていることが5つある。

ひとつめは、明治時代に国民が大切にした「自助・自立」と「教育」の精神をバージョンアップして実践すること。

『セルフ・ヘルプ（自助論）』と『学問のすゝめ』という本をご存じだろうか。どちらも、明治時代のベストセラーである。明治時代は日本が上り調子の良い時代と思われがちだが、実際には戊辰戦争、西南戦争、日清戦争、日露戦争と戦争が続き、かつ年金や医療保険などの社会保障制度もなかったので、当時の国民は大変な思いをしていた。

前者は、サミュエル・スマイルズの著書で、冒頭の「天は自ら助くる者を助く」という言葉が有名なので、一度は耳にしたことがあるとは思うが、「自立と自助が大事で、それが国家を安定させる」といった内容が綴られている。

後者は、福沢諭吉の著書で、「天は人の上に人を造らず人の下に人を造らずと云へり」という言葉で知られている。この言葉は、平等を説いていると解釈されることも多いが、実は、ちょっと違う。この後に、「人は生まれながらにして貴賤・貧富の別なし。ただ学問を勤めて物事をよく知る者は貴人となり富人となり、無学なる者は貧人となり下人(げにん)となるなり」と続く。これから身を起こしていくのに必要なのは学問だ、と訴えているのだ。

つまり現代と同じく激動の時代にあった明治時代の日本人が大切にした精神は、自助・自立と教育であった。これは、今の時代にも通用する精神ではないだろうか。

「自助・自立」を、自分なりに再定義すると、日本人が陥りがちな集団主義との訣別ではないかと思う。再三述べていることではあるけれど、日本人はどうも安定志向が強く、集団に帰属することで安心感を得ている人が多いように思う。それは前述したように、日本人の遺伝子によるところが大きいのかもしれないが、今は21世紀だ。命を守るために集団行動していた原始時代とは、文明も社会も経済も大きく異なり、価値観も多様になっている。そろそろ〝集団の中の自分〟ではなく、自分自身に重きを置いても良いのではないだろうか。

集団主義からの訣別は、個人レベルに限らず、集団レベルでも必要だ。企業は組織に力を入れ過ぎたばかりに、個人の能力を活かしきれていない。家庭に置き換えても、親離れできない子供、子離れできない親など、親子共に自立できていないケースが少なくない。集団も、個を尊重しないと、社会はますます停滞する気がしてならない。

「教育」は、人生をハッピーにエンジョイするために、必要な知識と想像力を高め続けることと再定義できると思う。ここでキモになるのは、知識だけではなく、想像力を意識して高めることだ。

仕事で収入を増やすにも、仕事やプライベートをハッピーにするにも、知識は不可欠だ。幸い、今はネットからいくらでも知識を学べる。しかし、それだけではありきたりのことしか実現できない。仕事とプライベートの双方で斬新なイノベーションを生み出し、人生をエンジョイするには、知識を超えた自分独自の想像力を高めることが大事だ。

あの天才アインシュタインも「想像力は知識より重要である」という名言を遺している。これこそ、人生をハッピーにエンジョイするキーワードだと思う。

2、変化を楽しむポジティブな心

2つめは、良くても悪くても変化を楽しめるポジティブなマインドセット。僕自身、余命を告げられた当初はショックだった。でも、どんなに不安が大きくても、前向きにとらえることで、その後の道筋が良い方向に進むと実感した。だから、どんな状況であれ、変化を楽しむ心意気が大切だと思っている。

昔、アルプス山脈のアイガーという山を登った時、登頂した直後に陽が落ちてしまい、頂上で一晩ビバークしたことがある。夏だったとはいえ、周囲は氷河で非常に寒いし、食料や水も十分でなかった。最初は、「参ったなぁ」と悲観的になったが、「アイガー頂上で一晩過ごすなんて、貴重な経験だし、話のネタになるぞ」とおもしろがったことで、たばこを唯一の楽しみに、なんとか乗り切ることができた。

テレビに出始めた頃もそうだ。当初は堅い報道番組や討論番組に呼ばれていたのに、どういうわけかバラエティ番組から声がかかるようになった。正直最初は抵抗があった。官僚出身で、真面目一筋だった自分に合わないと思ったし、周囲から、「バラエティの色がついてしまうと、真面目な仕事が来なくなる」と反対する声もあったからだ。

それでも、持ち前の好奇心で「やってみよう」と思い立ち、出演を続けているうちに、バラエティ番組から学べることがたくさんあると気づき、またこんなつまらない僕が時には笑いさえとれるようになっていった。変化を楽しむ心が、自分を多少は進化させてくれたのだ。

もちろん、新しいことに挑戦する以上、失敗の可能性はゼロではない。けれど、〝失敗の経験〟はすごく大事だ。実際にアメリカでは失敗した経験がものすごく重視される。なぜなら、失敗とは挑戦した証であり、大切なのは、その失敗から何を学んだか、だからだ。

シリコンバレーのとある有名なベンチャーキャピタルでは、出資を希望するスタートアップ企業のトップと会うと、まず「これまでにどのような失敗を経験し、そこから何を学んだか」と聞くそうだし、大学院の入試エッセイでもこのテーマを聞かれることが多い。

話は少しそれたが、先ほどの集団主義との関係で言えば、集団に属することで安心や安定を得ようという気持ちが強いと、大きな変化に対して、どうしてもネガティブになりがちだ。でも、逆に変化を前向きにとらえ、柔軟に考えて行動すれば、結果はともあれ、達成感なり充実感が得られるだろう。それは、幸福度にもつながる。集団主義の呪縛から脱するにも、ポジティブなマインドセットは役に立つ気がする。

3、ユーモアの精神を大切にする

3つめは、ユーモアの精神を大切にすることだ。

僕がかつて仕えた小泉純一郎総理は、当時の米国大統領ジョージ・ブッシュと深い信頼関係で結ばれていた。当時、ブッシュ大統領は小泉総理をこう評価していたらしい。

「小泉は自分の言った言葉を守る男だ。そして、とてもユーモアのセンスがある。このセンスを持っている人間は自分に対しても健全な自信を持っている」

リーダーに必要なのは、自分の言った言葉を守ること、そしてユーモアを語れることであり、それを意識すれば、人間は健全な自信を持つことができる、という米国らしい考え方だ。

多くの人がここから学ぶべき教訓がある。それはユーモアの重要性だ。

僕は、テレビ番組で接している有田哲平さん、坂上忍さん、宮根誠司さんを心から尊敬している。3人とも、仕事はストイック、考えは常に前向き、そしてテレビカメラの前以外では周りの人に対して本当にやさしい、と非の打ち所がないくらいにすごいからだ。

お笑い・俳優・キャスターとバックグラウンドは違うのに、なぜ3人はこうも同じく魅力的なのだろうと考えると、ブッシュ大統領の言葉に行き着く。お笑いやバラエティで身についたユーモアのセンスと、自分自身に対する健全な自信があるからだろう。ユーモアがあれば、なんでも面白がって前向きになれるし、周りにも広い心で接することができるということだろうか。

思い返すと、小泉元総理も故・安倍元総理も、食事会などでは常にサービス精神旺盛で、いつも率先して楽しい話やジョークを連発して場を盛り上げていた。3人とまったく同じである。これも、ユーモアのセンスと健全な自信ゆえではないか。

そう思って以来、僕もユーモアのセンスを身につけようと、今もバラエティ番組などで頑張って修業しているつもりだ。

元が役人だったくらいだから、素の僕は魅力ゼロ。話はつまらないし、物事はなんでも慎重に考えてしまう。健全な自信とは対極であった。でも、自分なりに修業を続けたことで、気のせいか多少は自分に自信を持てるようになった。

それは病気が判明した時にも役立った。悲観的になり過ぎず、明るく前向きに考え、暗くなりがちな病気の話もギャグを交えて明るくする。昔の自分なら無理だったと思う。

自分の言った言葉を守るというのは誰でもやって当たり前のことだ。それに対して、ユーモアのセンスを身につけるのは難しい。特に日本人は苦手ではないだろうか。

でも、ユーモアのセンスを身につけて自分に対する健全な自信を持てれば、人生をハッピーにエンジョイできるはずだ。今もたまに小泉総理にお会いすると、つくづくそう思う。

だからこそ、多くの人はお笑いが好きなんだから、単に見て笑ってしまいとせず、お笑いから学んでユーモアのセンスを身につけ、それを自分への自信につなげてみてはいかがだろうか。

4、自分の直感を大切にする

4つめは、直感を大切にすることだ。

動物のほぼすべてが、直感に従って行動することで生き延びている。人間も動物なのだから、本来は直感に頼っていたはずだが、文明を手に入れて以降、熟考することを覚え、だんだんと直感より考えを重視するようになった。その結果、人間はできない言い訳を考える天才になってしまった感がある。
もちろん、熟考することは必要だし、大切だ。でも、直感に従った方が正解だったというケースは、意外と多いと思う。

例えば服を買いに行った際、最初に入った店で直感的にいいなと思うものを見つけても、「他にも店はあるのだから、いろいろ見てから決めよう」と論理的に考え、探し回った末に、結局最初に気に入った服を買ったという経験は、誰しもあるのではないだろうか。
これは分析的に考えると、「服を買う」という行為はそれまでに何回も経験しているので、自分がどんなものが好きで、何が似合うかが、知らず知らずのうちに脳内に刷り込まれており、それに基づく直感が正しい判断をした、ということだ。経験が多い分野に関しては、直感が正しい場合が多いのである。

僕のケースで言えば、通産省（現・経産省）から国際機関に出向を打診された時も、小泉政権に参画する時も、慶應義塾大学やエイベックスに誘われた時も、すべて直感で判断し、その場でOKした。そして、その直感は正しかったと、自負している。どの仕事も得るものが多く、その後の僕の人生を良い方向に進めてくれたのだから。

これらの経験から、人生をハッピーにエンジョイするには、仕事など経験が多い分野ほど、直感を大切にすべきと思う。つい熟考してできない言い訳を考え出したら、チャンスを逃すだけだ。

5、運を味方につける

5つめは運を味方につけることだ。「自分の力ではどうにもできないことでは?」なんて声も聞こえてきそうだが、そんなことはない。運は、自分次第で良くも悪くもなると、僕は思っている。

自慢ではないが、僕は、強運の持ち主だと自負している。クライミング中に何度も滑落したものの、命を落とすことはなかったし、現役の時に東京大学に落ち、浪人して一橋大学に入学したおかげで、霞が関ではマイナーな大学からの志願者になり、かえって目立って経産省に採用されたのだと思う。

最大の運の良さは、3人もの素晴らしい大恩人に巡り合え、たくさんのことを学べたことだ。

ひとりは、ミュージシャンの故・坂本龍一さんだ。NYでの国際機関勤務の時、共通の知人が引き合わせてくれたのだが、すぐに意気投合し、以来ずっとかわいがっていただいた。役人は、クリエイティブから最も離れたところにいる職種。そういう世界に身を置きながら、坂本さんのような超一流のアーティストと知り合うことができ、クリエイティブな発想の大事さとその強化のためにやるべきことを教えてもらえたのは、本当にありがたかったし、ラッキーだった。

ふたりめは、小泉政権時代の上司であった竹中平蔵さんだ。僕は政務秘書官・補佐官として、竹中さんに仕えていたが、その間いろいろなことを学ばせていただいた。特に印象に残っているのは、リーダーとしての心構えだ。部下をとことん信頼して任せ、失敗したら、自分が潔く責任をとる。政治家や大企業経営者が不祥事の責任を下の人間に押しつけるケースは少なくないが、竹中さんはそれとは大違いだった。ちなみに、当時竹中さんの上司だった小泉さんも、まったく同じだった。このふたりのもとで、リーダーのあるべき姿を教わったことは、僕にとって大きな財産になっている。

最後のひとりは、故・やしきたかじんさんである。僕がテレビに出始めた頃、たかじんさんがMCを務める政治バラエティショー、『たかじんのそこまで言って委員会』にゲストで呼ばれ、好き勝手しゃべっていたのを気に入られ、いつのまにか準レギュラーになっていた。この時、たかじんさんにテレビや人前での話し方を指南いただけたおかげで、今もテレビに出演できているのだと思う。

では、なぜ僕はこんなにも運が良いのだろう。当たり前だけど、僕には自分の運が良い秘訣などわからない。わかるならそれを利用して大儲けしている（笑）。

ただ、人とのご縁に関しては、なんとなく思い当たる節はある。それは、仕事でもプライベートでも、人と会う時に3つのことを心がけ、実践しているからではないかと思う。

まずは、相手の期待に必ず応える、できれば期待を上回る成果を出すということだ。これは官僚時代に学んだ経験がベースになっている。

キャリア官僚は、若くしてそれなりのポストを与えられ、自分よりひと回り以上も年齢が上の民間の役員クラスの人と会うことが少なくない。でも、肩書きが入った名刺の威力が通じるのは初対面の時だけ。そこで相手から「使えないヤツだ」と判断されれば、次はない。この経験から、初対面の人と会う時は、相手の期待に120%応えようと、精一杯力を尽くしている。おかげで、講演など1回だけと思われるような仕事でも、それが次の仕事につながることも珍しくない。

2つめは、謙虚な姿勢を心がけること。相手が年下でも、どんな仕事やポストの人でも、敬意を払い、いろんなことを〝学ばせていただこう〟という姿勢で接するようにしている。芸人さんにミュージシャン、総合格闘家に大学生、相手が誰でもいっしょだ。自分が知らない世界のことを聞くのは、とても勉強になるし、楽しい。とはいえ、すごく疲れている時は、横柄な態度をとってしまうこともある。そんな時は、猛省し、「次は絶対にしない!」と、肝に銘じるようにしている。

最後のひとつは、〝律儀（りちぎ）の積み重ね〟である。これは、通産省時代の大先輩から教わったことなのだが、相手に対して律儀を欠かさず、その律儀を積み重ねていけば、相手が目をかけ、信頼してくれる。すると、新しいチャンスや成長の機会を与えられるかもしれないし、何か失敗した時も、手を貸してもらえるかもしれない。実際、それは真実だと感じている。

そういえば、昔クライミングでネパールに滞在した時に親しくなったチベット仏教のお坊さんから、「徳を積みなさい」と強く諭されたことがある。それが、自分に返ってくるのだと。

メジャーリーガーの大谷翔平選手は、グラウンドにゴミが落ちているとそれを拾い、ユニフォームのポケットに入れるそうだ。その理由を聞かれた時、「ゴミは人が落とした運。ゴミを拾うことで運を拾う。そして自分自身にツキを呼ぶ。高校の先生からそう教えられたから」と答えたそうだ。

僕が、人と会う時に心がけていることは、徳を積むこととは違うけれど、少なくとも、好印象を抱いてもらう助けにはなっている気がする。だから、人との素晴らしいご縁が生まれるのかもしれない。

5章

chapter 5

子を持つ親たちへ

余命宣告による、教育方針の変化

余命10年の残り人生は、家族のことよりも自分自身の満足を優先する。そんなことを言うと、非常に無責任だと思われるかもしれない。特に、未成年の子供がふたりいるので、子供の教育はどうするのか、とお叱りを受けることもある。

言い訳ではないが、この点について僕の考えをごく簡単に説明させていただこう。元来僕は、子供の能力を高めるために、親である自分が積極的にコミットすべきと考えていた。だから、余命10年とわかった当初は、自分が死んだ後、子供たちは大丈夫だろうかと当然気になった。ただ、入院中にいろいろと考えを巡らせた結果、当初の考えは必ずしも正しいとは言えないのではないかと思うようになった。

昭和の頑固おやじ的〞怒る子育て〞のススメ

病気発覚前の僕は子供の教育について独自の考えを持っていた。

昨今は、子育てで「怒るよりもほめる」が良しとされているようだが、僕はそれに非常に懐疑的。子供の自主性を重んじるというアメリカ流の子育てに倣(なら)っていると思うのだけれど、アメリカでは親が「NO」と言わずに子供の好きなようにさせるということではない。むしろ、ルールをしっかりと設け、厳しく管理していると感じる。僕はこれに賛成だ。

小学生くらいまでは、まだまだ人間形成の途中段階。価値観や倫理観が定まっているわけではないし、判断に必要な経験も乏しい。なので、親がある程度管理して導く必要がある。だから僕は、子供たちにとても厳しいし、頭ごなしに怒ることもしょっちゅうある。

子供たちが大人になる頃の日本は、人口減少・少子高齢化・経済の停滞・格差拡大などにより、今よりもっと厳しく殺伐とした世の中になっている可能性は否めない。親から口うるさいことを言われず、ほめられて育ってきた人間に、そんな社会を生き抜く強さはないと思っている。

これまでの人生で遭遇したことのないような壁にぶち当たった時、心がポキッと折れてほしくない。

社会は理不尽なことだらけ。だからこそ、早いうちからその耐性を養うためにも、親はもっと子供に厳しくすべきだと思う。ウチの子供たちは、「親から頭ごなしに怒鳴られ理不尽だ」と思っているようだけれど、受け入れてもらうしかない。

次に、子供の勉強について。もちろん最低限の基礎的な学力を身につけさせることは必要だけれど、デジタルとネットの時代に受験勉強的な知識の記憶ばかりやらせても意味がないのでないだろうか。それよりも、これからの時代は小学生の頃から3つの能力を高める必要がある。

まずひとつめは「自分で問題を発見・定義できる能力」。日本の学校では、小中高どこでも、下手したら大学でも、常に先生から問題が与えられ、子供はその問題の正解を見つけることを求められる。英語の表現で言えば"problem solving"の能力ばかりが鍛えられる。

しかし、子供が成長して社会に出たら誰も問題を与えてくれない。かつ、今後はより一層変化が激しい時代になるので、仕事をする上では、解決すべき課題を自分で発見し、定義できる能力が求められるし、そこが評価されるようになるだろう。英語で言えば"problem finding"の能力を早いうちから高めておく必要がある。

2つめは「クリエイティブな問題解決能力」。自分が発見した問題に対して、創意工夫して独自の解決策を考え出す力だ。今はネットで検索すればなんでも見つかるけど、そこで得られた答えは、誰でも簡単にアクセスできるものだから価値はない。自分の頭を振り絞ってネット上にはない斬新な解決策を導き出せる能力が大事になる。

3つめは「コミュニケーション能力」。大半の仕事は、チームで遂行するのが基本だ。だから、どんな仕事でもコミュニケーションが必要不可欠になるが、今時の子供たちのソーシャルメディアでの会話を見ると、短い一文か、ひどい場合は絵文字だけ。これでは相手と深い意思疎通をするのは無理だ。だからこそ、しっかりとコミュニケーションできる能力を早めに高めておかなければならない。

そして、ひとつめと2つめの能力を高めるのに必要不可欠なのが、自分の頭でじっくりと考え、物事に取り組むことができる〝集中力〟。集中力の大切さは多くの人が身をもって理解していることだろう。だって、勉強でもスポーツでも仕事でも、本気で取り組んで成果を出すにはとことん集中することが必須なのだから。

昨今は早期教育が過熱していて、未就学児が語学スクールや塾に通うケースも珍しくない。だけれど、そこに力を入れるより、集中力を身につけさせる方がずっと将来に役立つ。僕はそう考えているので、子供には、「30分は自分の部屋でとことん集中して勉強し、その後の10分はリビングで好きなことをして休憩しろ」と、場所も含めメリハリをつけさせるようにしている。

マルチタスクが集中力を劣化させる

集中力は、子供どころか大人も、今の時代はすごく低下している。そもそも人間の脳は、元来注意散漫である。DNAの記憶の大半は石器時代のものだといわれているが、当時は、注意散漫であることが、生存に不可欠なものだったから。

諸説あるが一説には、人間が集中できるようになったのは、600年ほど前。グーテンベルクが印刷技術を発明し、大量の本が世に出回るようになり、本を集中して読むという、それまでとは異なる行為を繰り返すうちに、集中力が養われたといわれている。

もっとも、脳内で分泌されるドーパミンは常に新しい刺激を求めるため、ひとつのものに集中するのは難しい。それに加え、ここ20年で、集中力はますます劣化しつつある。主な原因は、デジタルの普及によるマルチタスクの常習化だ。

パソコンで仕事をしている時のことを思い浮かべてほしい。Ｗｏｒｄで文書を作成しながら、ネットで検索し、メールが来ればそれを開く。マルチタスクが当たり前になった代償で、ひとつのことに集中して作業できなくなっている。

ちなみに、アメリカの心理学者の実験によると、アメリカ人は仕事中に1日平均74回もメールをチェックしていた（最大は４３５回）。また、マルチタスクのために一時中断した作業に戻り、再び集中するまでに23分15秒もかかっていたそうだ。これでは仕事に集中できるはずがないだろう。

スマホは、さらに曲者（くせもの）だ。魅力たっぷりのサイトやソーシャルメディアが山ほどあるので、人はスマホの画面をどんどん短時間で変えて新しいコンテンツを楽しむ。それをプライベートの時間にずっとやっていれば、集中力は極度に低下する。これでは、テキストの読み方も流し読みになってしまい、自分の頭を働かせ、深く考えながら読むという作業は難しいだろう。

ここで、2017年にテキサス大学のエイドリアン・F・ワード助教授らが、学生を対象に行った調査結果を紹介しよう。

ワード助教授らは、学生たちを「机の上にスマホを裏返して置く」「スマホをポケットかカバンに入れる」「スマホを別の部屋に置く」という3つの集団に分けて、作動記憶（後述）を使う問題と流動性知能を使う問題のテストを実施。すると、双方の問題について成績が最も良かったのが、「スマホを別の部屋に置く」集団で、一番悪かったのが「机の上にスマホを裏返して置く」集団だった。いわば、人とスマホの距離が近づくほど、集中力が低下し、問題解決能力も低下してしまったことになる。

もっとも、すべての学生がテスト中にスマホは気にならなかったと回答している。つまり、脳が無意識のうちにスマホを欲してしまい、その結果、知的能力が低下したと考えられるのだ。
なんとも恐ろしい結果ではないだろうか。

集中力の低下を招くのは、スマホだけではない。何かをしながら、なんとなくテレビをつけているのも、立派なマルチタスクの一種だ。なので、我が家は、大人も子供もテレビの〝ながら見〟は禁止。見たい番組があるのなら、その時はテレビに集中して見るのがルールだ。

要は〝メリハリ〟。スマホやパソコンにしても、「この時間は使ってもいいけれど、この時間は触らない」「目的もなく、だらだらと使用しない」などルールを設け、実践することが大切だ。
僕も8月に入院した際、ちょうど良い機会だからと思い、スマホと少し距離を置き、そのぶん本を読む時間を増やしてみた。1週間もすればだんだんと慣れてきて、頭もクリアになった気がする。おかげで、今後の自分の在り方をはじめ、いろいろなことを深く考えられた。
1日に数時間、スマホを触らない時間を設ける。それだけでも、きっと得るものがある。

ネットやソーシャルメディアがもたらす問題点

ネットやSNSには、もうひとつ大きな問題があることを実感した。以前から気にかかってはいたものの、僕自身、入院中に好きなだけネットに触れる時間ができたことで、その怖さを再認識してしまった。それは、思考力や発想力の低下だ。

少し小難しい話になるが、まず、人間の認知行動について説明しておこう。みなさんも思いあたるだろうが、人間は一日中文字を読み、音声を聞くなど、膨大な量の情報に浸っている。その際の認知行動は、「浅い読みと思考」と「深い読みと思考」の2種類に大別され、それぞれ脳の中で行われる作業が異なる。

前者は、いわゆる流し読みで、そこで目にした内容はすぐに忘れてしまう。なぜなら、外から人間の脳に情報・知識がインプットされると、目や耳などの感覚器官を通じて、まず短期記憶に入るのだが、流し読みで得た情報は、この短期記憶の部位にしか保管されないからだ（短期記憶は、一度に3〜7個程度の情報を数十秒程度しか保持できない）。


対して、本や教科書などをじっくり読んで得た情報は、長期記憶に移される。この長期記憶の部位には、それまでの人生で学んだ情報や知識が自分なりの理解で体系的に整理された〝スキーマ〟（豊かな知識の体系）が構築されていて、新しく入ってきた情報を結合し、自分なりに理解した上で、新たな考えを生み出すことをしている。

ちなみに短期記憶から長期記憶に情報や知識を移動させるのは、作動記憶という部位が担っている（作動記憶は、長期記憶から情報を持ち出し、意思決定・判断などの認知的作業も行っている）。

脳内の情報処理の仕組み

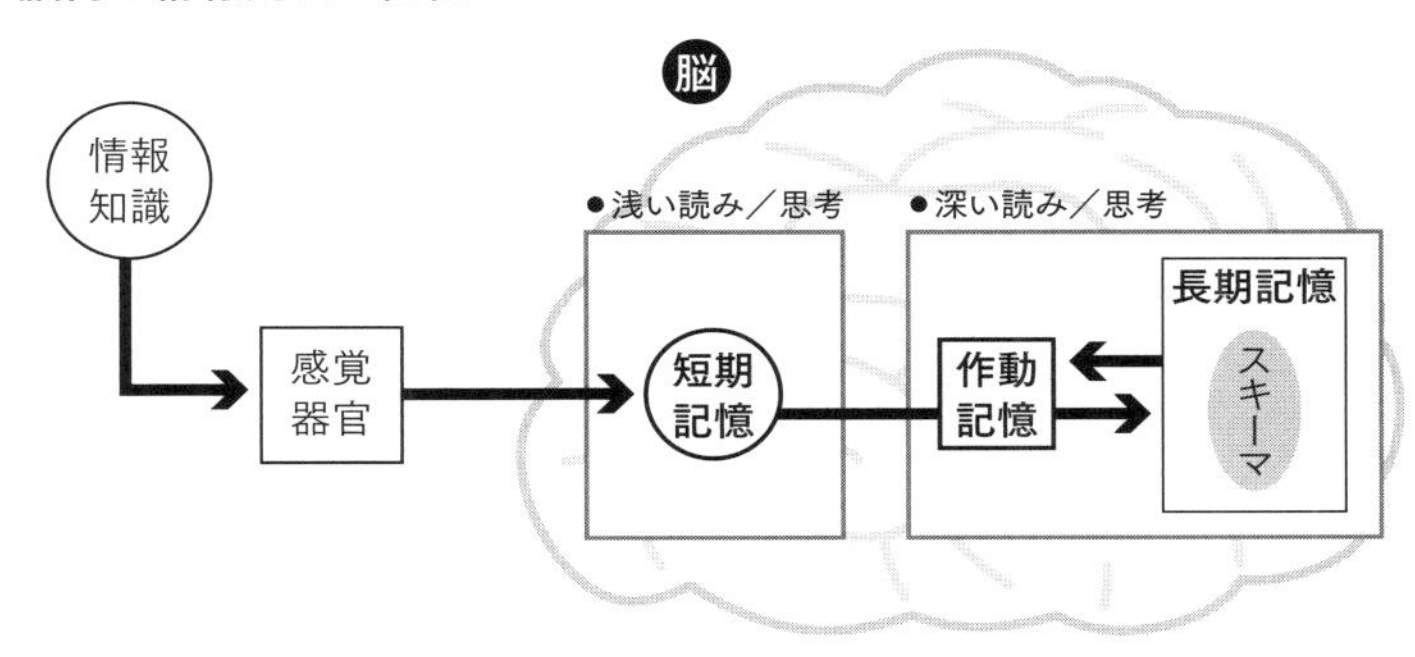

　ただし、作動記憶は、短期記憶に入った情報や知識を、ゆっくりと、少量ずつしか長期記憶に運べない。そのため、脳に入ってくる情報量が作動記憶の処理能力を超えてしまうと、大半の情報は長期記憶に運ばれず、短期記憶だけに留まってすぐに忘れてしまうので、スキーマもアップデートされず、思考や理解が浅くなってしまうのだ。

　そう、これが、僕が入院中長時間ネットで情報収集しているわりには新しいアイディアや思考を生み出せなかった主な理由だ（もうひとつは、前述したようにデジタルでのマルチタスクによる集中力の欠如だ)。いわば、情報のインプットではなく、情報の無為な消費と使い捨てをしていただけで、ある意味で、膨大な時間の無駄遣いをしていたのだ。

ネットの情報でも、熟読・熟考はできるのではないか? いやいや、アメリカの心理学者の実験で、パソコンやスマホなどの〝画面〟を通じてテキストを読むと、斜め読みになってしまうことが証明されている。熟読・熟考するのなら、やはり紙の本をじっくり読んだ方がいいのだ。

僕のような中高年以上に、子供や若者はネットやＳＮＳで情報収集する機会が多い。学校でもタブレット学習が導入されつつあるのだから、避けようがないことかもしれない。

だからこそ、せめて家ではネットやＳＮＳに触れる機会を極力減らしたい。そしてこれは、子供だけでなく、大人もぜひ心がけてもらいたい。僕のように、残りの人生が少ないのならなおさらだ。

少々乱暴な言い方だが、ネットやＳＮＳは時間の浪費。そう心得て、家族みんなで読書タイムなど設けてみてはいかがだろうか。

英語が話せることより、〝何を語れるか〟

僕は、集中力を養うために子供たちに毎日机に向かう習慣を身につけさせたいと努力してきたけれど、熱心な〝教育パパ〟というほどではない。子供たちのテストの点数は気にしないし、幼少期の学びにも特に積極的ではなかった。

特に、語学の早期教育には、まったく意味がないとさえ考えている。

グローバル化が叫ばれて久しいが、日本人の英語力は、他の非英語圏と比べても著しく低い。何十年も前から中学、高校で週に何時間も英語の授業を受けているのに。「使える英語を身につけるには、実践が大切」と、最近はネイティブスピーカーによる英会話の授業も取り入れられているようだが、それでも、日本人の英語、特に英会話力は、ほとんど上がっていないように感じる。

そうした背景があるからか、「もっと幼い頃からやらないと、英語はマスターできない」というのが定説になり、幼児を対象にしたイングリッシュ・スクールが活況を呈しているようだ。だけど、習うのはせいぜい週数回、1回数十分程度。短時間では、英語をマスターするどころか慣れるのも難しいのかもしれない。


そもそも英語はインターフェースに過ぎない。それを早期に身につけることにどんな意義があるのか。

親が子供に英語力を身につけてほしいと考えるのは、グローバル化を意識してのことだろう。多種多様な国の人とコミュニケーションをとり、世界規模で活躍できる人間になってほしいと願っているからだと思う。

だとしたら、肝心なのは流暢(りゅうちょう)な発音よりも語るべき内容、つまり中身のある話ができるかではないだろうか。

僕は28歳の時にアメリカのビジネススクールに留学した。大学卒業時にヨーロッパに旅行で行って以来、初めての海外だった。留学試験のTOEFLの点数は良かったが、英語はほとんどしゃべれないし、発音もすごく下手。それでも、中身のある話ができれば、先生もクラスメイトも下手な英語を一生懸命聞いてくれた。それは国際機関勤務時も同じだった。

人が耳を傾けてくれるのは、どうでもいい会話や誰もがアクセスできるネットからの情報などではない。他では聞けないような独創的なアイデアや情報など、中身のある話だ。まずは、中身のある話ができる人間になるように育てるのが先決だと思っている。

意外と過保護だった僕の子育て

こんな具合に、僕は昨今の流行(はや)りとは程遠い方法で息子と娘を育ててきた。

ただ、病気になったことで、子供に対する考え方が少し変わってきた。余命10年という限られた期間で彼らに何を伝え、教えておくべきか。入院中に改めて考えて、これまでのやり方を変えた方がいいと思うようになったのだ。

昭和の頑固おやじを自認している僕だけど、子育てに関しては、当時の父親のスタンダードだった放任どころか、むしろ積極的に関わってきた。「集中力をつける」ことをはじめ、自分の信念に基づいて、かなりコミットしてきたと思う。

だけど、自分亡き後のことを考えたら、子供たちにとって一番必要なのは、自分で自分の道を切り開く力なんじゃないかと考えるようになった。もちろん、先に述べた3つの能力も自分で道を切り開くための武器になる。だけど、それを親が強制的に身につけさせようとするのは、もしかしたら違うのかもしれない。改めて自分自身の生い立ちを振り返ると、その思いが強くなった。

僕の両親は、僕が中学2年生の時に離婚をした。それ以来、母が女手ひとつで姉と僕を育てたのだが、今と違って昭和の時代におばさんが働いてそんなに稼げるはずもない。離婚した当初は、品川区大崎のアパート8畳間に3人で住んでいた。非常に貧乏だったので、僕は高校も大学も奨学金をもらってようやく通うことができた。

今でも覚えているのは、現役での大学受験に失敗して浪人することになった時、予備校に払うお金がなかったので、母が自分の着物を売ってそのお金を工面してくれたことだ。本当に申し訳なく思い、学費が安い国立大学を目指し、浪人時代は真面目に勉強して一橋大学に合格。幸い授業料免除(成績優秀ではなく貧乏だったため)に加えて複数の奨学金をもらえたので、奨学金で得たお金のほとんどは家に入れた。姉の大学の授業料もそこから払うことができ、少しは家計の足しになったようだ。

貧乏自慢をする気はまったくないが、当時、母はいくつかの仕事を掛け持ちして生計を立てていたので、家にいる時間が非常に少なかった。勢い、姉も僕も自分のことは自分で決める癖がその頃からついてきて、僕の場合で言えば、高校は（お金がかからない公立と考え、都立日比谷高校を選んだ）どこを受験するかに始まって、浪人してどの予備校に通うか、大学はどこを受験するか、果てはどこに就職するかまで、自分で決め、母には事後報告だけだった。

もしも、日比谷高校も一橋大学も親にすすめられた学校だったら、あれほどモチベーションを保てなかっただろう。そう考えると、親が「こうなってほしい」と〝目標〟を立て、着実に到達できるようコースを敷き、子供を叱咤（しった）しながら走らせるよりも、子供自身が考えて動き出すのを待つのもいいのかもしれない。

もちろん、どんなに待っても、動き出さないリスクはある。だけど、それならそれで仕方がない。だって、その子の人生なのだから。

病気になる前の僕は、厳しい父親の半面、自分がした苦労は子供に味わわせたくないという思いがどこかにあった。だから、今後ますます厳しくなるであろう社会で、子供たちが生き抜くには何が重要かを考え、必要なスキルが身につくよう、言い方は悪いけれど、〝調教〟してきた。子供に甘くはなかったものの、ある意味では過保護だったと思う。

でも、病気になったことで、いつまでも自分が子供のそばにいてやれるわけではないことに、改めて気づかされた。と同時に、自分の半生を振り返った時、思ったのだ。

「親をあてにできない方が、子供はしっかりするんじゃないか」と。

わかりやすい例が勉強だ。僕は学力向上というより集中力をつけることを目的に、子供たちを強制的に机の前に座らせてきた。それは、一定の効果はあったけれど、息子と娘、それぞれに適した方法だったかどうかまでは考えなかった。

勉強すれば、成績は自ずと上がる。でも、無理やりやらされるのと、自分が好きでやるのとでは、成長の度合いがまったく違う。それに、伸びる時期は人それぞれ異なる。小学生でぐんと学力がつく子もいれば、高校に入ってから力を発揮する子もいる。実際、僕は後者だった。

言うまでもなく、挑戦したことを最後までやり抜けるか否かは、自分自身で選んだかどうかが大きい。たとえ良かれと思って親が示した道でも、本人に納得感がなければ、とことん頑張ることはできないだろう。

運よく、親が敷いたレールにうまく乗って、親が考えるベストな目的地に到達できたとしても、それで本人がハッピーかどうか。今の僕は、自信を持って「イエス」とは言えない。

それに、自分がやりたいと思ったことに全力を注ぎ、何らかの結果を出せれば、それは素晴らしい成功体験になる。成功体験は自己肯定感につながり、次の挑戦を後押ししてくれるものだ。僕自身、受験やロッククライミング、仕事などで成功体験を重ねたことで、今のように充実した人生が歩めているのだと自負している。

子供たちに対して、人としての基本はすでに教えたつもりだ。だから
これから先は、あまり口を出さず、放置しようと思う。そして、本人が
好きなことを存分にやらせ、応援に徹しようと思う。
最近は子供たちに、あれをしろ、これをしろとは言わなくなった。た
だ、ことあるごとに、「お父さんはあと10年もすればいなくなるんだから、
自分でしっかり生きていけよ」という言葉はかけている。
……子供たちは、「口うるさいのは変わらないな」と思っているのか
な（笑）。

6
章

chapter 6

日本の未来へ、5つの提言

明るい未来への第一歩は「経済大国」意識を捨てること

僕の専門は経済について語ることなので、これまでいろいろな場で日本経済の問題点や経済再生のために必要な方策などについて発言してきた。主に主張してきたのは、日本が現在抱えている最大の問題は経済の生産性の低さであり、その改善のために、政府は経済にまつわる旧態依然とした制度や仕組みを改革すべきで、経営者はもっとリスクをとり、イノベーションの創出に努めるべきだ、といった類のことだ。

そうした指摘は真っ当なものだと自負している。ただ、余命10年となった今、僕の主張は、経済学の観点から見れば正しくても、今後日本が迎えるであろう現実に合っているのかどうか、疑問を抱くようになった。

日本では経済の指標として経済成長率やGDPを取り上げることが多いが、日本のように人口減少に歯止めがかからない国では、経済成長率の低下や経済規模の縮小は、ある意味避けられないこと。そもそも、国家や企業は、個人が幸せに暮らすための器に過ぎないのだから、その成長率や規模がどんなに大きくても、個人がハッピーでなければ意味がない。それなのに、いつまでも経済成長率やGDPなど、国全体や企業単位の指標を基準にしているのは、あまりにも古臭い。そのあたり、いつまでも経済大国だった過去の栄光にすがっている気がして、なんとも情けない。

日本は戦後の高度成長を経て1968年に米国に次ぐ世界第2位の経済規模になったけれど、バブル崩壊以降の30年間、経済は低迷し続けている。経済大国と胸を張って自慢できたのはたかだか50年程度だ。つまり、日本の長い歴史のなかではごく短期間に過ぎないのである。ごく短期間の経験でしかない「経済大国」が日本の当たり前の姿と思い込むのは、そろそろ改めるべきではないだろうか。

日本には、経済以外にも他国にない素晴らしい点がたくさんある。調和を重んじる社会、規律正しい国民性（だから日本は、世界有数の安心安全な国）、細部にまでこだわる几帳面さ（だから日本は、ニッチなニーズに応える商品では世界一）、そして、世界中の人々を惹きつける独自の文化や自然（だから、外国人ツーリストが地方にも押し寄せる）。

だからこそ、「経済大国」という価値観にこだわり過ぎず、日本の強みを活かした経済社会づくりにシフトすべきではないだろうか。徐々に衰退するとはいえ、あと数十年はGDPも世界10位以内を維持するだろうから、まだしばらくは経済大国の地位を維持できるだろう。そうした時間的猶予がある間に、日本の強みを生かすという方向に社会の価値観や制度をシフトさせるべきだと思う。本来、成熟した国とは、国民がハッピーに暮らせる国なのだから。

そう考えると、今すぐ改善した方がいい政策は多々ある。僭越ながら、自説を述べさせていただこう。

1、豊かさの指針を「国」から「個人」に

何度も述べているように、余命10年と告げられて、僕は自分がハッピーでいることの大切さを強く意識するようになった。僕が望むような生き方は、余命何年となった人に限らず、本来はすべての人が享受すべきだ。そうならないと、社会は良くならないのではないか。国や社会、企業といった存在は、所詮は個人がハッピーに生きるための器や道具に過ぎない。国の経済規模がどんなに大きく、豊かになっても、個人が幸せでなければなんの意味もないと思う。

そう考えると、前述した通り、GDPという国の経済規模を指標にするのはナンセンスであり、それよりも人口減少の国にふさわしく、かつ個人のハッピーにも直結するひとり当たりのGDP（国全体のGDPを人口で割ったもの、ざっくりひとり当たりの所得水準と考えて良いだろう）を経済指標として重視すべきだと思っている。

実際、この数字は国全体のGDPよりもひどい。最新の日本のひとり当たりのGDPは3万3950ドルで、世界第34位。プエルトリコやイタリアに抜かれ、台湾と韓国はすぐ後ろに迫っている。2000年には、世界第2位の地位にあったのに、ここ20年ほどで30ランク以上も下がってしまったのだ。

引き合いに出して申し訳ないが、ひとり当たりのGDPが日本より大きいイタリアは、かつてはヨーロッパの問題児と呼ばれたほど、働かない国として知られている。イタリアの人口は約6000万人で、就業者数は約2290万人と、就業率は約38%。対して日本は、人口約1億2500万人で、就業者数6747万人、就業率は約54%だ。

イタリアでは、ディナーに3時間も4時間もかけるなど、仕事をするよりも自分の時間を楽しむことに重きを置いている人が多いというのは、万国共通のイメージではないだろうか。

そんな風に働くことよりも人生を楽しむことを優先している国より、

日本のひとり当たりのＧＤＰは低いのだ。一生懸命働いているのに、豊かにならない上に、プライベートも今ひとつ楽しくないと感じている人が多い現状。日本というのは、つくづく残念な国になってしまったという気がしてならない。

ちなみに、ひとり当たりのＧＤＰを上げるためには、企業のみならず、働く人にとっても生産性の向上が不可欠となる。

同じ時間でこれまでより多くのモノを生産することで利益を増やすか、付加価値をつけ、ひとつ当たりの単価を高くして利益を上げるかの２つにひとつだ。どちらにしても、ハッピーに生きられるようにするには、まずは努力して自分の生産性を上げるしかない。物価が上がれば給料も自動的に増えるなんてことはない。ひとりひとりが、新しい知識を身につける、自分の創造性を磨くなど、努力するしかない。

長らく日本では、終身雇用、年功序列型の雇用スタイルに守られて、

国別労働生産性ランキング

（2023年、出典：International Labor Organization）

順位	国	労働生産性
1位	ルクセンブルク	$146
2位	アイルランド	$143
3位	ノルウェー	$93
4位	ヴァージン諸島	$92
5位	オランダ	$80
6位	デンマーク	$78
7位	スイス	$76
8位	ベルギー	$75
9位	シンガポール	$74
	オーストリア	$74
11位	米国	$70
15位	ドイツ	$68
	フランス	$68
18位	イタリア	$62
20位	英国	$59
24位	台湾	$57
	香港	$57
	カナダ	$57
	スペイン	$57
44位	**日本**	**$42**
	韓国	$42
	ギリシャ	$42

（注）労働生産性＝ここでは、労働者1人が1時間の労働時間に生み出す付加価値

特に大企業では、会社への貢献度が低い人でも定年を迎えるまで勤め上げることができ、まあまあの収入を手にできていた。そのせいで、自分の生産性を上げるためにとことん努力する人が少なくなり、企業の成長、ひいては日本の成長のポテンシャルが下がってしまった。

日本の国も変わる必要はもちろんある。でも、その前に、ひとりひと

りの意識も変えると、僕は思う。

人生はいつまでも続くわけではなく、いつか終わりが来る。少なくとも僕は、最期を迎える時に、「いい人生だった」「幸せだった」と言えるように、これからの月日を歩んでいきたいし、多くの人が同じようにできる社会になってほしい。

2、社会の価値観の転換を
～少子化対策や人口1億人という思い込み～

日本の少子化が止まらない。1971年から1974年の第二次ベビーブーム期に年間200万人を超えていた出生数は、2016年には100万人を割り込み、2022年には遂に77万1000人弱にまで減少した。

将来人口推計では2033年に80万人を割り込むとされていたから、予想より約10年前倒しで少子化が加速していることになる。

合計特殊出生率（ひとりの女性が生涯に産む子供の数）に至っては、統計を取り始めた１９４７年は４・５４人だったのが、１９６１年に１・９６人と初めて２人を割り込み、２０２２年は１・２６人と、過去最低に並んでしまった。

この状況に歯止めをかけようと、国は躍起になっている。岸田政権は、２０２３年６月、異次元の少子化対策の具体案として「こども未来戦略方針」を発表し、２０２４年度からの３年間に年３兆円台半ば規模の予算を投入。児童手当の拡充や出産育児一時金の増額、夫婦共に育休を取得する場合の育児休業給付を引き上げるといった対策にあてる。

こうした対策で少子化問題は解決するかというと、残念ながら他国の事例から察するに、あまり大きな効果は期待できないだろう。

例えば、シンガポールは１９８０年代から少子化を危惧していて、２０００年初頭には少子化対策の総合的なパッケージを策定し、子育て中の有給休暇の拡充や税金の優遇・保育支援・出産手当金など、あらゆる策を講じて出生率を上げようとした。にもかかわらず、2001年には1・41だった合計特殊出生率が2022年には1・05と過去最低を記録してしまった。どんなに国が旗を振ってお金を出そうと、効果がなかったというわけだ。

そうなる理由は、主に2つある。ひとつは、価値観の多様化。豊かで教育水準も高い先進国で暮らしていれば、生き方が多様化するのは当然のこと。結婚しても子供を持たない選択をする人もいれば、一生シングルでいたいと考える人もいる。「結婚して子供を持つ」という生き方は、もはやスタンダードではなくなっているのだ。

だから、子供を産むことに報奨金を出しても、保育園を増やしても、「では、産みます」とはならないと思う。

もうひとつは、将来への不安。日本は残念ながらとことん貧しい国になってしまい、今後劇的に改善する兆しはない。若い世代の非正規雇用の割合の高さが問題になっているが、多くの若い世代は将来の収入は大丈夫か、今の社会保障制度で自分はリタイア後に年金をもらえるのかなど、大きな将来不安を感じているはずだ。それを払拭せずに子供を産んだ後の手当てばかりを充実させても、その前段階である結婚を躊躇する人がいるだろうし、結婚したとしても子供を持つことに積極的になれなかったりするのではないだろうか。

実際、就業形態別に男性が結婚している割合を見ると、正規雇用者では25～29歳で30・5％、30～34歳で59・0％なのに対して、非正規雇用者の場合は25～29歳で12・5％、30～34歳で22・3％と、非正規雇用者の結婚している割合は圧倒的に低い。

こうした現状を客観的にとらえ、そろそろ、小手先の対策ばかりで出生率アップを狙うのはやめるべきだと思う。それよりも、個人の多様な価値観や生き方を認め、まともな経済政策と改革によって、頑張れば将来収入が増える、将来年金もちゃんともらえる、と国民が思える環境をつくった方がずっといい。その方が、少子化対策としては有効な気がする。

出生率の低下がこれだけ喧伝(けんでん)されるのは、当たり前だが人口減少の趨勢(すうせい)に歯止めがかからないからだ。日本の人口が1億人を切ったら大変だといった論調もある。

けれど、日本の総人口が1億人の大台に乗ったのは1967年。江戸時代初期の日本の人口は約1200万人で、後期でも約3000万人といわれ、初めて国勢調査が実施された1920年は約5600万人だった。この小さな島国が1億人という人口を擁しているのは、長い歴史の中でたかだかここ数十年に過ぎない。

だから、その数十年間の姿が日本のあるべき姿であるかのように人口維持に躍起になっても意味がないと思う。

そもそも現在の人口を維持することに、どれだけ意味があるだろうか。

人口が増加すれば経済が成長し、減少すれば経済が衰退するという論理をベースに人口減少に歯止めをかけようとしているようだが、人口規模＝国力という考え方自体を転換すべきではないかと、僕は思う。

将来推計人口では、出生率を低く見積もった場合（その可能性が高いだろう）、２０５２年に１億人を割り、２０７０年には約８０００万人になるらしい。

日本の人口減少は避けられないのだから、もちろんそれを回避するために必要最低限の政策は必要だけれど、同時にそれに応じた新たな社会の価値観や経済の仕組みを考えた方がいい。豊かさや繁栄は国や企業といった規模ではなく、国民ひとりひとりという単位にシフトすべきではないだろうか。いわば、個人のハッピーの追求だ。そこに重点を置いた政策や仕組みが確立し、若い世代がもっとハッピーを実感できる社会になれば、自ずと出生率も上がるかもしれない。

もうひとつ、人口減少が加速する日本で、国の政策としてではなく、社会運動として取り組むべきことがある。それは、若者の活躍の機会を増やすことだ。

昨今、「多様化」がさまざまなシーンで叫ばれている。社会が成熟すればさまざまな価値観が出てくるのだから、多様化は当然のこと。特に、人口やGDPという国の規模が衰退しつつある国では必要不可欠だ。だけど、日本では言葉が先行していて中身が追いついていないのが現状だ。その多様化を一気に進めるカギが若者の活躍だと思う。

僕は自分の勤める大学院以外に、他の大学や高校、中学校などでも教える機会があり、多くの若者と接している。そこで感じるのは、若者のポテンシャルの高さだ。今は優秀な若者ほど、閉塞感のある政府や大企業に就職するより自分で起業する道を選ぶ。また、多くの若者は、SDGsや社会貢献などグローバルな価値観を身につけていて、昭和の価値観が抜けない中高年に比べると遥かに世界のスタンダードに近い。

中高年世代はすぐに「今の若者はすぐに会社を辞めて根性ない」と言うが、それは中高年が支配する社会が見限られたから。僕は自分の経験から、学校の偏差値や成績などに関係なく、どんな若者も必ず何かしらの光るものを持っていると感じている。彼らが輝けないとしたら、指導する先生や上司が彼らの能力を引き出す教育や指導をできていないだけだ。

特に女子は男子より能力が高くて根性もある人が多い気がする。彼女たちが、企業の中枢なり政治の世界なりに入れば、日本はかなり変わるに違いない。

問題なのは、こんなにも優秀な若者がたくさんいるのに、日本社会がその力を活かせていないことだ。典型が歴史の古い大企業や官公庁だろう。最近は抜擢人事も増えたが、基本的には年功序列なので、若い社員のポテンシャルがまったく活かされていないように見受けられる。

僕は地方自治体の仕事もしているが、地方でもそうした傾向が目につく。「地方活性化に必要なのは、よそ者、若者、バカ者」という言葉がある通り、地方を活性化させるには、新しい価値観や多様性が不可欠だ。長らくその地で暮らし、地元の価値観しか知らない高齢者では考えもつかないような新たなイノベーションを創出できるのは、よそ者と若者、バカ者（突拍子もない発想をするという意味）だからだ。

実際、最近は地方に移住して新しいことを始めようとする若者が多く、地方にとっては喜ばしいかぎりだ。ところが、移住してビジネスを始めると、うまくいかないことが少なくない。

なぜなら、地元の有力者である高齢者が、現地の昔ながらの風習やルールを押しつけ、若者のやり方や考え方を否定してしまうからだ。多様な価値観に触れていて、柔軟性がある若者の方が、その土地の魅力を再構築し、イノベーションを起こすことが得意なのに、実にもったいないと思う。

うまくいった実例として、徳島県の山奥にある神山町が、東京のベンチャー企業のオフィスを誘致した際のエピソードを紹介しよう。ベンチャー企業で働く若者たちは、東京で食べている食事と同レベルのものを町でも楽しみたいと、東京からシェフを呼び寄せ、レストランなどをオープンさせた。

村には、若い企業だけでなく、レストランもでき、活気づいた。その延長で高専まで開校した。それは、神山町の役場や住人たちが、若者たちに自由にやらせたからこその結果だ。

この例からわかるように、地方を活性化させるには、若者に移住してもらい、自由な発想で好きにやってもらうのが一番なのである。

だから、中高年世代には若者をもっと理解して好き勝手にやらせてあげてほしい。多様化の実現に不可欠なのは、真の意味での対話だ。相手の主張に耳を傾け、お互いの考え方の違いを受け入れた上で、議論を尽くして最善の策を導き出す。それが、民主主義の根本だ。若者の活躍を後押しすることを政府、地方自治体、企業が社会運動として推し進めるだけで、日本のポテンシャルは間違いなく大きく上がると思う。

3、昭和感漂う、日本的な雇用制度からの脱却

少子化が止まらない背景には、若い世代の経済不安がある。その一因は、非正規雇用労働者の多さだ。15〜34歳の男性のうち正規雇用労働者は約631万人で非正規雇用労働者は約202万人、15〜34歳の女性の場合、正規雇用労働者約457万人に対し、非正規雇用労働者は約294万人だが、非正規雇用労働者の平均賃金は、正規雇用労働者の64〜74%程度だそうだ。

もちろん、人口減少による人手不足が深刻なので、非正規雇用を正規雇用に転換して人手確保につなげる企業は増えているし、政府も〝同一労働同一賃金〟（同じ仕事ならば正規でも非正規でも同一の賃金が支払われる）を一応実現させた。しかし、多くの大企業はなんやかんや屁理屈をつけて未だに正社員を優遇している。これでは若い世代の収入が安定して増えていくはずない。

だからこそ、昭和に確立された日本的な雇用制度（新卒一括採用、年功序列、定年まで終身雇用、正規と非正規の区別）と訣別し、まず正規と非正規という労働者の区分をなくし、完全な形での〝同一労働同一賃金〟を実現すべきだ。大企業での正規雇用という日本的雇用のメリットをフルに享受できている労働者の割合は非常に低い。そんな少数の既得権益を守るのはいい加減にやめよう。

かつ、終身雇用や定年制も廃止すべきだ。退職金は、勤続年数が長いほど税制優遇されるという制度があるけれど、転職がますます当たり前になる時代にあって、そんな制度が維持されているなんて、バカげていると思う。

定年制についてもまた然り。人口減少と少子高齢化によって人手不足が深刻な一方で、健康寿命が延びているのを考えると、定年などという昭和の概念で、貴重な労働力を失うのは、本末転倒。能力とやる気がある高齢者は、企業か本人が望むならばいつまでも働き続けられるようにすべきだ。定年後の再就職の斡旋を企業に義務づけるというのも、非効率的に思えてならない。

もうひとつ僕がぜひやるべきだと思っているのが、補償金を出すことで退職を受け入れてもらう金銭解雇の容易化、要は企業が社員のクビを切りやすくすること。今は一方的にクビにすることは難しい。社会の常識に照らして納得できる理由がなければ解雇できないし、裁判所で解雇するほどの理由がないと判断されると、不当解雇とされる。このため、特に大企業は社員の解雇に及び腰なので、仕事はないけど会社に雇われ続けている中高年の〝社内失業者〟は今も意外と多い。それが企業の生産性向上の妨げとなり、若い世代の雇用を増やす余力を削いでいることを考えると、一刻も早く金銭解雇を普及させるべきだと思う。

こう主張すると必ず激しい反論が来る。クビ切りを容易にしたら社員の生活が不安定になる、日本の美徳である終身雇用が崩れる、などなど。しかし、終身雇用のメリットを享受しているのは少数の労働者だけだし、そもそも終身雇用は高度成長期に確立されただけで、長らく続く〝日本の美徳〟などではない。

それに、社員のハッピーという点でも、金銭解雇はメリットが大きいと思う。仕事をしなくても給料がもらえるなら生活は安定するかもしれないけれど、それで、その人は幸せなのだろうか。会社に行ってもやることがない、というのは人生の無駄遣いである。それなら新しい道にトライした方が、よっぽど人生は楽しいはずだ。

こういう実例もある。

リーマンショックの当時、世界的に景気が低迷するなかで、多くの有名家電メーカーが大量の技術者をリストラした。有名企業に就職して人生安泰と思っていたなかでのリストラとなると、当人たちは大きなショックを受けたはず。そんな時、ちょうど家電分野への進出を考えていたアイリスオーヤマが、リストラされた技術者を一気に採用した。アイリスオーヤマに再就職した技術者にすれば、失礼ながら最初は格落ちの気分だったかもしれない。けれど、しばらくしたら、この転職は成功でありラッキーだったと思うようになったという。理由は簡単で、技術職冥利に尽きる仕事ができたからだ。

以前働いていた大手家電メーカーは、組織が完全にピラミッド化していて何事も〝上の承認〟が必要不可欠。そのため、自分の発案した新しい企画が実際に商品化されるまで、下手したら3年とか5年もかかっていた。ところが、アイリスオーヤマでは毎週月曜に社長が参加する会議があり、そこで新しい企画をプレゼンして社長からＯＫが出ると、1年以内に製品化されて販売される。そのスピード感に、モチベーションが高まり、充実した仕事ができたそうだ。

この例からわかるように、金銭解雇の容易化は、働く人が新しい可能性にトライしてハッピーになるためにも必要だと思う。

4、看護師、介護士、保育士、教師の給与増加を

昭和の高度成長期の成功体験が忘れられないのか、どうも日本では、経済を牽引するのは製造業であり輸出産業だ、という考えが未だに根強いようだ。先進国では、ＧＤＰに占める割合はサービス産業の方がずっと高いというのに、だ。しかし、いい加減そろそろこの考え方も転換すべきではないだろうか。

そもそも、すでに現時点でも日本のＧＤＰに占める製造業の割合は20％程度と少ない。そして、今後は製造業や輸出産業が日本のＧＤＰや雇用の増加を牽引することはないだろうと感じている。

雇用の観点でみても、今後は製造業や輸出産業よりもサービス産業が今まで以上に新たな雇用の創出源となるだろう。しかし、問題は、日本のサービス産業の生産性が非常に低く、そのため給与も製造業に比べて

非常に低いということだ。これではサービス産業で働く若い世代が夢と希望を持てるはずがない。

だから、サービス産業の生産性を高める必要がある。そのために、まず企業と働く人がやるべきなのは、双方が徹底的に努力して創意工夫を凝らし、サービスの付加価値を高めて、売値を上げること。デフレが続いたこれまでの30年間は値下げに尽力しないといけなかったけれど、インフレに転じつつあるこれからは、真逆の努力が求められる。

と同時に、政府にも取り組むべきことがある。サービス産業に携わっているのは地方の中小企業が多いが、その数は300万社を超えていて、はっきり言って過剰だ。

そのなかには、非効率的な経営で利益率が低いものの、外国人の技能実習生をはじめ、安い労働力の確保でなんとか存続してきた企業も少なくない。しかも、景気が悪くなると政府は中小企業に強力な支援策を打ち出すため、本来ならとっくに立ち行かなくなるような企業が、どうにかこうにか存続してしまっているのだろう。

そろそろこうした〝甘やかし〟をやめ、今後は、自助努力が足りない非効率な中小企業の退出を促すことも必要になるのではないだろうか。そして、有望な中小企業の生産性向上の支援にシフトし、それを地方の雇用の担い手として成長させるべきである。

かつ、農業・漁業・林業といった第一次産業も、正しい形で政策が関与して地方の成長産業へと進化させるべきである。

政府に取り組んでほしいことが、もうひとつある。それは、看護師、介護士、保育士、教師といった給与水準が政府や地方自治体によって公的に決められている職種の給与を大幅に上げることだ。

僕は長期間入院してよくわかったが、看護師さんの仕事は本当に大変なわりに給与は安い。本当に安すぎる。母が重度の認知症を患っていて高齢者施設には日常的にお世話になっているので、介護士さんの状況もわかるが、まったく同様である。保育士さんや学校の先生も同じだ。

これら4つの職種は、どれも国民の暮らしに欠かせないエッセンシャルワーカーである。その給与が今のように、高くない水準では、人手不足がこれから一層深刻になり、他の職種が給与水準を引き上げている状況では、なり手が増えるはずがない。

高齢化が急速に進む日本では、将来的には高齢者介護の産業規模は製造業に匹敵する存在になるかもしれない、という声さえ上がっているし、医療サービスも同様だろう。そして、保育と教育も、子供の才能や可能性を伸ばすという、日本の将来を左右するくらいの大事な仕事だ。にもかかわらず、その重労働と安い給与水準のために、今や人気のない職種になってしまい、優れた人が集まりにくくなっている。これは由々しき問題だ。

もちろん、政府や地方自治体も問題意識は持っていて、これら4職種の給与を上げるべく頑張っている。しかし、その昇給幅は数%程度と本当に微々たるものと言わざるを得ない。それで人手が確保できると考えているとしたら、甘いのではないか。

もっと思い切った賃上げをこれら4職種で実現させて、それをサービス産業全体に波及させるくらいのことをやってほしい。サービス産業で働く人の数の多さは製造業より圧倒的に多いのだから、そこで頑張っている人たちのひとりでも多くがハッピーに毎日を過ごせる基盤づくりに政府はもっと尽力すべきだ。

5、早急に社会保障制度の抜本改革を

日本にとって、経済力の停滞と並んで大問題なのが社会保障制度の持続可能性だ。

政府は〝社会全体で負担して支え合う〟とか、年金は〝100年安心〟と謳うが、それが虚構に過ぎないことは多くの人が直感的にわかってい

るだろう。制度の詳細を説明し出したらキリがないので、全体の構図だけざっくりまとめると、政府がやっているのは、現役世代、特に源泉徴収で逃げられないサラリーマンと企業の社会保障負担を増やし続けて、それで高齢者への給付を賄うという方法だ。

例えば医療保険では、後期高齢者への給付費15兆円は、その半分が税金と国債（どちらも現役世代の負担！）で賄われ、残りの大部分をサラリーマンが所属する医療保険組合からの負担金で埋めている。

また、年金制度では、すべての高齢者に支給される基礎年金の財源として、現役世代が払う年金保険料から24兆円が拠出されているが、そのうち19兆円がサラリーマンの属する厚生年金からなのだ。

つまり、日本の社会保障制度の特徴をひと言で言えば、実質的には財政的に破綻している後期高齢者医療制度や年金制度の矛盾を隠すため、現役世代の保険料負担を年々増やし、その赤字を埋めているのである。

そもそもこんな歪(いびつ)な構造が永続的に続けられるはずがない。人口と給与が右肩上がりだった昭和という時代には適していた制度を、人口減少と経済停滞が併存する時代になっても続けていることに無理があるのだ。

それなのに厚生労働省は毎年の小手先の帳尻合わせで乗り切ることしかしていない。だから、現役世代が負担する社会保険料は、医療保険でも年金でも介護保険でも、ずっと上がり続けているのだ。

医療保険料は、2000年台は月収のほぼ8％だったのが、今は10％。厚生年金保険料は、2004年は13・9％だったのが今や18％だ。物価は上がり続ける、給与は思ったように増えない、税金の負担は重い。それに加えて社会保険料が上がり続けては、多くの人の生活は苦しいままで、毎日をハッピーに暮らすどころではない。

だからこそ、厚生労働省は社会保障制度の抜本改革から逃げずに、早く人口減少と経済停滞の時代に合った社会保障制度を確立してほしい。

その際、ぜひ取り組んでほしいのは、現役世代の過度の負担による過度の高齢者優遇をやめることだ。そもそも、日本の家計の金融資産全体に占める60歳以上の保有割合は63%と、高齢者の方が現役世代より資産を持っている。60歳を超えても働き続け、ある程度の収入を稼いでいる人も多い。この現実を考えると、保有資産額が少ない上に、収入もそう多いわけではない現役世代が裕福な高齢者を支え続けるというのは、異常な構図ではないだろうか。

もちろん、高齢者のなかには、資産がなく、収入は基礎年金だけで、本当に苦しい生活を送っている人も多い。そうした高齢者は、社会全体で徹底的に支えるべきだ。だから、年齢によって高齢者を一律に括(くく)るのではなく、資産や収入の状況を勘案した上で、本当に生活が大変な高齢者だけをしっかりと支える形に変えるべきだ。

昭和の遺物のような歪(ゆが)んだ制度的優遇も廃止すべきである。その典型例は、国民年金の第3号被保険者という区分だろう。

第3号被保険者とは、厚生年金保険や共済組合などに加入している会社員や公務員に扶養されている配偶者で、働いて得ている年収が106万円（従業員数100人超えの企業勤務の場合など）もしくは130万円以内の人を指す。この第3号被保険者になると、自分の収入から社会保険料を払う必要がない上に、将来基礎年金は受け取れるという、ある意味お得な働き方だ。

そのため、「106万円の壁」や「130万円の壁」を超えないよう、パートやアルバイトで働くのを選び、労働時間を調整している人が多い。

昭和の時代は、結婚や出産をしたら仕事を辞めて専業主婦になるのがスタンダードだった。でも、今や共働き世帯の方が多いのだから、専業主婦を優遇し続ける必要はまったくないと思う。厚労省も、ようやく重い腰を上げつつあるが、所詮小手先の改革ばかりだ。社会保障制度の持続可能性を少しでも高めるためにも、そんなその場しのぎはやめ、一気に廃止すべきだと思う。

逆説的かもしれないけれど、制度を変えることで国民のマインドも変わるだろうし、年収の壁を意識せずに働く人が増えれば、労働力不足解消の一助にもなるはず。

こうした社会保障制度の大改革を一刻も早く行うと共に、決して豊かでない現役世代が裕福な高齢者まで支え続けるという歪んだ構図も早急に解消すべきだ。

高齢者のハッピーのために現役世代がアンハッピーになるなんて、誰も望んでいないと思う。高齢者でも自分だけ良ければいいなんて人は少数派で、現実を正しく理解してもらえば負担増・給付減にも納得してくれるはずだ。それなのに、政治がその説明を怠って、逃げ続けているだけに、僕には見える。

現役世代でも高齢者でも、ひとりでも多くの人がハッピーに暮らせる社会保障制度こそが、これからの日本に必要だと僕は思っている。

おわりに

　多発性骨髄腫を患っているのがわかり、ごく限られた仕事関係者に早めに連絡したところ、なぜか幻冬舎の編集者さんが病床の様子を取材したいと言い出した。あまり深く考えないまま〇Kしたら、取材内容を元にあれよあれよという間に連載を始め（笑）、今度はその連載を元に本をつくらないかと打診してきた。

　僕は病気を売りにするつもりはないので、実を言うと、最初はあまり乗り気ではなかった。ただ、病気をきっかけに自分自身の人生観や考え方がガラリと変わった。それを、余命何年と同じ境遇にいる方はもちろん、定年を控えた人や若い世代にも知ってもらいたいという気持ちが、だんだんと湧いてきた。それでこの本を出すことになったのだが、タイトルが少々仰々しい点は、お許しいただきたい。

早いもので病気がわかってから、もう1年2ヵ月が過ぎてしまった。歳をとると、そして人生の残り時間を意識するようになると、時間が経つのはなんと早いことか。もう僕の人生は残り9年しかない。

では、この1年、人生の目標に掲げた「ハッピーとエンジョイ」が追求できたかというと、全然ダメだった。治療のために延べ7週間入院し、入院中以外も体調の回復を優先したということもあるが、最大の原因は、体がついてこなかったからだ。

病気になる前の仕事や生活を振り返ると、自分のやりたいことをやるという気持ちと家族・仕事を優先するという気持ちの比率は1：9くらいだったように思う。ここ10年以上続けてきたその比率を、突然逆転させるのはやはり大変だった。仕事先にも迷惑をかけてしまうだろうし、妻がブチ切れるのも怖い（笑）。試行錯誤の末、9：1ではなく、7：3くらいの比率がちょうどいいことがわかった。

もうひとつ、想定外だったのは、「残りの人生はあと10年しかない」

と意識するあまり、あれもこれも早くやらなければと、妙に気持ちが急いてしまったことだ。

そんな焦りが見透かされたのだろう。知人が、ある名言を教えてくれた。それは、〝正受（しょうじゅ）老人〟の名で知られる江戸時代の臨済宗の僧侶、道鏡慧端（どうきょうえたん）の「一大事と申すは今日只今の心なり」という言葉である。過去や未来に目を奪われ、大切な足元を疎かにするなという意味だ。

なるほど、確かに僕は、10年後という先のことばかり気にして、あれこれと計画しては先走り、取り越し苦労をして、結果的に足元の1日を無駄に過ごすことが多かった。だけど、本当に大事なのは、今日やりたいこと、やるべきことをちゃんとやり遂げること。今日という日は人生においてかけがえのない1日で、その積み重ねが、過去となり、未来へとつながるのだから。そう意識するようになり、日々のハッピーとエンジョイの追求が、だいぶ上手にできるようになった気がする。

と、まあこんなぐあいに悩むことも多々あったけれど、それでも、人生観が大きく変わったことを含め、学ぶこと、得ることが多い1年だった。強がりではなく、この病気にかかったことはラッキーだったと、改めて思っている。

そう考えると、この本を出版できたことも自分のハッピーのひとつだろう。出版の声をかけてくれ、僕のワガママに辛抱強く付き合ってくれた幻冬舎の森田さん、ライターの村上さんに心から御礼申し上げたい。

そして、この本を手に取ってくださり、最後までおつきあいくださった読者のみなさんにも感謝をお伝えしたい。

最後に、病気になる前から大好きで、病気になってからはより一層心の糧となっている曲の歌詞の一節を紹介させていただこう。僕が昔追っかけをやっていたカナダの伝説的なロックバンドＲＵＳＨの〝Everyday Glory〟という曲（１９９３年発表）だ。この気持ちを忘れずに、自分の天命を全うし、日本を少しでも良くすることに貢献していきたい。

If the future's looking dark
We're the ones who have to shine

Though we live in trying times——
We're the ones who have to try

profile

岸 博幸

きし ひろゆき

1962年東京都生まれ。慶應義塾大学大学院メディアデザイン研究科教授。経済財政政策担当大臣、総務大臣などの政務秘書官を務めた。現在、エイベックス顧問のほか、総合格闘技団体RIZINの運営などにも携わる。

岸博幸連載記事はコチラ
ゲーテweb

staff

装　丁　マッシュルームデザイン
撮　影　杉田裕一
編集協力　村上早苗

余命10年

多発性骨髄腫になって、やめたこと・始めたこと。

2024年3月30日　第1刷発行

著　者　岸 博幸

発行人　見城 徹
編集人　舘野晴彦
編集者　森田智彦

発行所　株式会社 幻冬舎
〒151-0051 東京都渋谷区千駄ヶ谷4-9-7
電話 03(5411)6269(編集)
03(5411)6222(営業)
公式HP:https://www.gentosha.co.jp/

印刷・製本所　図書印刷株式会社

検印廃止

Printed in Japan
ISBN978-4-344-04207-0 C0095

この本に関するご意見・ご感想は、
下記アンケートフォームからお寄せください。
https://www.gentosha.co.jp/e/